Gerda Smorra

Tanztheater in der Schule

z.Bsp. Romeo und Julia

Fächerübergreifendes Tanztheaterprojekt
für LehrerInnen aller Fachrichtungen
der Sekundarstufe 1+2

Tanz in die Schule bringen -
auch ohne oder mit nur wenigen Tanzerfahrungen!

Tipps – Projektbeschreibung – Szenen – Unterrichtsstunden -
Choreographien

Inhalt

A Tanz/Tanztheater in der Schule – Ein kritischer Rundblick
   1. You can change your life in a dance class (Royston Maldoom)   1
   2. Förderprogramme für Tanz an Schulen – Professionelle TänzerInnen arbeiten mit SchülerInnen   2
   3. Tanzprojekte mit außerschulischen Anbietern sind zwar fantastisch – Tanz kann aber auf diesem Weg nicht effektiv in Schule verankert werden   3

B Warum Sie als FachlehrerIn für Musik, Mathe, Deutsch, Sport, Geschichte etc. sich trauen sollten, mit Ihren Klassen zu tanzen   7

C Acht Monate fächerübergreifendes Tanztheaterprojekt „Romeo und Julia" – von der Planung bis zur Premiere
   1. Ziele des Projekts   10
   2. Möglichkeiten des fächerübergreifenden Arbeitens an einem klassischen Thema: Romeo und Julia   10
   3. Planungsphasen vor Projektbeginn   14
   4. Verlauf nach Projektbeginn   18
   5. Fazit   33

D Romeo und Julia: Szenen 1-16 (eigene Version)   35

E Einige Unterrichtsstunden und Choreografien

    1. Hinführung zur 1. Szene   78
    2. Choreografie 1. Szene   82
    3. Einige Choreografien 2. Szene   85
    4. Hinführung zur 8. Szene   90
    5. Choreografie 8. Szene und Überleitungen   92
    6. Choreografie 9. Szene   95
    7. Choreografien 10. Szene   98
    8. Choreografien 12. Szene   105
    9. Hinführung zur 13. Szene   112
    10. Choreografie 13. Szene   114
    11. Hinführung zur 14. Szene   116
    12. Choreografie 14. Szene   118
    13. Choreografie 15. Szene   121
    14. Hinführung zur 16. Szene   125
    15. Choreografien 16. Szene   126

F Tanzen Sie mit Ihren SchülerInnen   130

Anhang 1: Literaturvorschläge   131
Anhang 2: Arbeitsblatt: Praxisvorschläge Tanz   133
Anhang 3: Arbeitsblatt: Musikvorschläge   136
Anhang 4: Filme   146
Anhang 5: Rollen-Wunschliste   147
Anhang 6: CD-Playlist zu den in E vorgeschlagenen
    Unterrichtsstunden und Choreografien   148

A Tanz/Tanztheater in der Schule – ein kritischer Rundblick

1. *„You can change your life in a dance class" (Royston Maldoom)*

Tanz/Tanztheater in der Schule ist seit "Rhythm is It!" höchst aktuell – leider erst seitdem. Der 2004 in die Kinos gelangte Film über das Tanzprojekt von Royston Maldoom mit Berliner SchülerInnen, in Zusammenarbeit mit Simon Rattle und den Berliner Sinfonikern, war der Anschub für vielfältige Tanzprojekte an Schulen. Maldooms Botschaft „You can change your life in a dance class" ließ PädagogInnen und Institutionen aufhorchen.

Natürlich hat es auch vorher weniger medienspektakuläre Tanzprojekte gegeben, aber Tanz befand sich an der Schule vorwiegend in einem Nischendasein, verschoben in gelegentliche Arbeitsgemeinschaften oder Projekte mit unterschiedlichem, meist modediktiertem Schwerpunkt: mal ein wenig Jazzdance oder Folkdance oder Breakdance etc. – je nach Können oder Vorliebe der jeweiligen Lehrkraft.

Seit „Rhythm is It!" ist zeitgenössischer kreativer Tanz im Bewusstsein von PädagogInnen, Tanzinstituten und Medien sanktioniert als sehr ernst zu nehmendes wichtiges schulisches Angebot. Kreativer Tanz – das ist allen auch vorher nicht neu gewesen – bietet unbegrenzte Möglichkeiten zum künstlerischen Ausdruck. Dass tänzerische Prozesse wie Imitation, Improvisation und Komposition aber auch bestens geeignet sind für viele an Schulen zu vermittelnde Kompetenzen, das scheint erst seit „Rhythm is It!" relevant zu sein. Tanz fördert

- Selbstkompetenzen wie Wahrnehmungsfähigkeit, Spontaneität und Flexibilität
- künstlerische Kompetenzen wie Gestaltungsfähigkeit, Kreativität und Sinnlichkeit
- Sozialkompetenzen wie Kommunikationsfähigkeit, Durchhaltevermögen und Kooperation
- kulturelle Kompetenzen wie Teilnahme am kulturellen Leben, Offenheit und Toleranz für die eigene und fremde Kultur
- Methodenkompetenzen wie Reflexionsfähigkeit, Konzentration und Meinungsbildung
- fachliche Kompetenzen in vielen Fachbereichen, wenn bspw. biologische, physikalische, geschichtliche Themen **auch** tänzerisch erarbeitet werden (ein Ansatz, der noch in den Kinderschuhen steckt, für tanzinteressierte FachlehrerInnen und professionelle TanzpädagogInnen ein ganz spannendes Betätigungsfeld!)

2. Förderprogramme für Tanz an Schulen: Professionelle TänzerInnen arbeiten mit SchülerInnen

Die Bundeskulturstiftung legte 2005 ein millionenschweres Förderprogramm für den Tanz, besonders den Tanz an Schulen auf. „Tanzplan Deutschland" gab bis Ende 2010 12,5 Millionen Euro dafür aus. Bei den geförderten Projekten verpflichteten sich die Kommunen, die Hälfte der Projektsumme dazuzulegen. Seitdem haben – regional unterschiedlich – sehr gute (auch von anderen Sponsoren) geförderte Tanzprojekte mit Schulklassen aller Schulstufen stattgefunden: TänzerInnen, TanzpädagogInnen, ChoreographInnen arbeiteten an Projekttagen, in Projektwochen oder auch monatelang im regulären Unterricht mit den jeweiligen Klassen und ihren LehrerInnen an einem Tanzprojekt. Die Anfragen von Schulen, die ihren SchülerInnen Tanzprojekte bieten wollten, stieg jedes Jahr. So berichtet bspw. der Fachbereich „Tanz an Schulen" im NRW Landesbüro Tanz, dass 2004 28 Schulen ihr Angebot annahmen, im Jahre 2006/07 schon über hundert. In Bremen gibt es bereits seit 1997 „Whirlschool", eine dreimonatige Arbeit von TänzerInnen mit 6 Klassen oder Arbeitsgemeinschaften verschiedener Schulen und anschließender gemeinsamer Performance. Verstärkt seit „Rhythm is It!" müssen unzählige Anfragen abschlägig beantwortet werden: Gelder und Kapazitäten fehlen. In anderen Tanzplan-Städten sieht es ähnlich aus: „Come and Move" in Hannover, „StadtLandTanz" in Stuttgart, „Take Off" in Düsseldorf, „Tanzen macht schlau" in Berlin – um nur einige Projekte zu nennen – bringen den zeitgenössischen Tanz in die Schule, können aber auch nur wenige Anfragen bedienen.

Maldoom hat mit seinem „Community Dance"[1], der weit über die Tanz-an-Schulen-Projekte hinausgeht (er arbeitete schon in den 70ger/80ger Jahren in einem kleinen schottischen Dorf, in Sarajewo, in Südafrika, in Nordirland, in Äthopien... mit kleinen Gruppen und Riesengruppen, mit Kindern, Schülern, Behinderten, Gefängnisinsassen, Senioren etc. und: mit weltberühmten Orchester). Er brachte den zeitgenössischen Tanz ins Bewusstsein, auch (vielleicht) ins Bewusstsein von Bildungsbehörden.

Seit 2007 gibt es – neben dem Bundesverband für Darstellendes Spiel – auch endlich den Bundesverband für Tanz an Schulen, ein Zeichen dafür, dass längst bekannte pädagogische Thesen nun auch formell im Tanzbereich ein Forum finden. Tanz unterstützt nachhaltiger als viele andere schulische Projekte die Persönlichkeitsentwicklung und die Entwicklung der künstlerisch-ästhetischen sowie kreativen Fähigkeiten von Kindern und Jugendlichen und leistet damit einen großen Beitrag zur ganzheitlichen Lernentwicklung. Der Bundesverband koordiniert Projekte, gibt Tipps zur Weiterbildung, kümmert sich um ein (noch nicht vorhandenes) Ausbildungssystem für TanzpädagogInnen etc.

Fazit: Dank Tanzplan Deutschland und dem Bundesverband Tanz an Schulen (aber

---

[1] Siehe Anhang 1, Carley, S. 131

auch aufgrund vieler anderer privater Sponsoren) gab es seit einigen Jahren eine Reihe von bemerkenswerten schulischen Tanzprojekten mit außerschulischen Anbietern. Für die beteiligten Klassen war diese Erfahrung sicher ein unvergessliches Erlebnis.

3. Tanzprojekte mit außerschulischen Anbietern sind zwar fantastisch – Tanz kann aber auf diesem Weg nicht effektiv an Schulen verankert werden

Die initierten Tanzprojekte mit außerschulischen KünstlerInnen sind zeitlich und örtlich viel zu punktuell

Nur wenige Klassen oder AGn – vorwiegend SchülerInnen in größeren Städten und vorwiegend GrundschülerInnen – haben die eventuelle Chance, an einem Tanzprojekt teilzunehmen, und das in der Regel auch nur einmal in ihrem Schulleben.[2]
Der überwiegende Teil der SchülerInnen kommt nie in den Genuss, Tanzerfahrungen zu machen. Da Fördermittel sicher knapp bleiben oder ganz wegfallen, wird sich an dieser Situation nichts ändern. Die Zusammenarbeit mit professionellen TänzerInnen ist wichtig, aber letztlich nur ein Tropfen auf dem heißen Stein. Der Weg, nur mit außerschulischen Anbietern Tanz in die Schulen zu bringen, führt in die Sackgasse.

Ohne überaus engagierte LehrerInnen, die die Zusammenarbeit mit außerschulischen KünstlerInnen initiieren, finden diese seltenen Tanzprojekte überhaupt nicht statt

SchülerInnen haben nur die Chance, eventuell an einem Tanzprojekt teilzunehmen, wenn sie zufällig eine sehr engagierte LehrerIn haben. Diese(r) muss zunächst Kooperationspartner und Finanzierungsprojekte suchen.
Aufgrund der föderalistischen Strukturen existiert kein einheitlichen Organisations- und Förderprogramm.
Kooperationspartner sind Landesarbeitsgemeinschaften, Kulturelle Jugendbildung, Pädagogische Referate, Landesinstitute für Schulen, Universitäten, Hochschulen, Städtische Bühnen, der Bundesverband Tanz an Schulen, regionale Tanzplaninstitutionen in den 9 Tanzplan-Städten oder Tanzinstitute vor Ort.
LehrerInnen, die ihrer Klasse ein Tanzprojekt mit professionellen TänzerInnen anbieten möchten, müssen sich also erstmal durch einen Wust von möglichen Kooperationspartnern und Finanzierungspartnern durchtelefonieren, Anträge stellen, Absagen verkraften, und wenn sie hartnäckig genug sind und Glück haben, klappt es eventuell und ihre Klasse kommt in den Genuss, Tanzerfahrungen zu machen.

---

[2] Empirische Annäherung an Tanz an Schulen (siehe Literaturvorschläge Anhang 1,S.131): Nur 5 Prozent der Tanz-an-Schulen-Projekte finden in ländlichen Gebieten statt. 30 Prozent der teilnehmenden Schulen waren Grundschulen, gefolgt von Gymnasien (15 Prozent), Sek1-Schulen waren nur mit 5 Prozent beteiligt.(S.22ff)

Außer *Initiatorin* ist die beteiligte Lehrkraft *Organisatorin* – der Tanzstundenplan muss mit KollegInnen und Schulleitung koordiniert und durchgesetzt werden, Räume und Technik müssen bereit gestellt werden, und auch Aufführungen erfordern eine Fülle an organisatorischen (und anderen) Leistungen, die natürlich auf freiwilligem Engagement beruhen. Nicht zuletzt ist die Lehrkraft auch oft **Disziplin schaffende und motivierende Begleiterin** des Tanzprojekts.

LehrerInnen sind also diejenigen, die den außerschulischen Profis „den Boden bereiten", wie es eine beim Bremer Whirlschool-Projekt beteiligte Tänzerin es ausdrückte. „Wir halten ihr den Rücken frei", konstatiert eine beteiligte Lehrerin, „ich sorge für alles: Disziplin, Technik."[3]

LehrerInnen müssen also viel Zeit und Kraft investieren, damit es zu einer guten Kooperation kommt, wobei die Rollen klar verteilt sind. Natürlich profitiert die beteiligte Lehrkraft auch davon – oft gewinnt sie eine ganz neue Sicht auf viele ihrer SchülerInnen. Aber solange es dem Zufall überlassen bleibt, ob eine tanzinteressierte, überaus engagierte Lehrkraft an der Schule ist, die sich für solche Projekte einsetzt, kann Tanz nicht an Schulen verankert werden.

- <u>Schulische Tanzprojekte sollten – damit die am Anfang genannten Kompetenzen auch wirklich gefördert werden – in einem beständigen pädagogischen und/oder fachspezifischen bzw. fächerübergreifenden Kontext stehen. Dies ist zum großen Teil mit außerschulischen Anbietern nicht möglich</u>

Die TänzerInnen sind in der Regel nur für ein kurzfristiges Tanzprojekt an der Schule – völlig losgelöst vom sonstigen Schul- und Unterrichtsgeschehen. Dies kann für die beteiligten SchülerInnen zwar ein unvergessliches Highlight ihres Schullebens sein. Wenn Tanz jedoch wie Kunst, Musik und zum Teil Darstellendes Spiel in der Schule verankert werden soll und damit allen SchülerInnen aller Schulformen Zugang zu Tanzerfahrungen ermöglicht wird, dann müssen Tanzprojekte auch – wie andere Schulprojekte – in einem pädagogischen, fachspezifischen oder fächerübergreifenden Kontext stehen. Nur dann bekommt die persönlich erlebte Tanzerfahrung einen Background, verknüpft sich mit anderen Inhalten und öffnet Wege zur Selbst- und Welterfahrung. Dies können jedoch außerschulische Anbieter kaum leisten. Sie kennen weder die interne Schulstruktur noch die Besonderheiten der Klasse, mit der sie arbeiten, geschweige denn die Geschichte einzelner SchülerInnen oder die jeweiligen Unterrichtsinhalte. Hinzu kommt, dass TänzerInnen, die sich für Tanzprojekte anbieten, aus sehr verschieden strukturierten Ausbildungsstätten kommen, zum großen Teil ohne jegliche pädagogische Ausbildung oder Erfahrung. Fachspezifische oder fächerübergreifende Aspekte des Tanzprojekts können von ihnen natürlich auch nicht erwartet werden. Die beteiligte Lehrkraft müsste dann die fachspezifischen und fächerübergreifenden Zusammenhänge liefern. Wer den Schulalltag kennt, weiß, dass dies in der Kürze der zur Verfügung stehenden Zeit nur

---

[3] 10 Jahre Wqhirlschool Bremen, DVD, 2007

sehr unzulänglich geschehen kann. Die Zeit der TänzerInnen an der Schule beschränkt sich zumeist auf die bezahlten Tanzstunden, und auch die Lehrkraft hat an den Tagen, an denen ihre Klasse Tanzunterricht hat, einen ganz normalen Schultag mit allen Stressfaktoren, die Schule nun mal bietet. Da bleibt für beide Partner nicht genügend Zeit, um das Projekt pädagogisch sinnvoll ins Unterrichtsgeschehen einzubetten.

Zwar gibt es bereits erfreuliche Ansätze, auch fachspezifische Inhalte tänzerisch zu erkunden, als Beispiel sei Claudia Hanfgarn genannt, die in Bremerhaven mit SchülerInnen tänzerisch u.a. physikalische, biologische oder chemische Prozesse erforscht[4]

Aber generell finden Tanzprojekte im völlig luftleeren Raum statt, außerhalb von Schul- und Unterrichtswirklichkeit. Natürlich sind auch solche „abgehobenen" Tanzprojekte äußerst wichtig – die Ausnahmesituation, mit professionellen TänzerInnen zu arbeiten, ist für SchülerInnen eine fundamentale Erfahrung – aber diese Projekte sind nicht der Weg, um Tanz wie Musik, Kunst, Darstellendes Spiel im Schulalltag zu verankern.

- <u>Fazit: Tanz gehört – wie Musik, Kunst, Darstellendes Spiel – in den regulären Unterricht</u>

Der Weg, den der Bundesverband Tanz an Schulen und Tanzplan Deutschland verfolgen, mit Hilfe von professionellen TänzerInnen zeitgenössischen Tanz in die Schulen zu bringen, ist beachtenswert, aber, wie die vorherigen Ausführungen zeigen, wenig effektiv, was Kompetenzförderung und Nachhaltigkeit betrifft. Andere, effektivere Wege hätten längst parallel laufen müssen. Die Bundeskulturstiftung hat mit ihrer Millionenförderung die Bedeutung von Tanz an Schulen erkannt, die Kultusministerien offensichtlich nicht – aber erfahrungsgemäß dauert ja immer ca 30 Jahre, bis pädagogische, wissenschaftlich untermauerte Erkenntnisse in die Schulrealität gelangen. Die effektiveren Wege hätten von der Bildungspolitik in Gang gesetzt werden sollen:
- Tanz im regulären Unterricht
- Konsequente tanzpädagogische Lehrerausbildung und –fortbildung (ersteres für Musik- /Sport-/ Darstellendes Spiel – LehrerInnen,(und zwar nicht fakultativ, sondern festgelegte Module!),letzteres für alle tanzinteressierten Lehrkräfte (und nicht nur in Wochenendkursen, wie heute vorwiegend üblich!)
- Tanzpädagogische Studiengänge für TänzerInnen mit Masterabschluss, die Module für Tanz an Schulen enthalten, so dass AbsolventInnen gleichberechtigt mit LehramtskandidatInnen an Schulen arbeiten können.
- Beide Varianten – tanzpädagogisch ausgebildete LehrerInnen und tanzpädagogisch ausgebildete TänzerInnen – hätten eine Chance, zeitgenössischen Tanz in Schulen zu verankern.

Aber beides ist bis jetzt nicht geschehen.

---

[4] TAPST, Tanzpädagogisches Projekt Schultanz, unterstützt vom Arbeitsförderungszentrum Bremen (afz)

Tanz hat bisher in Deutschland kein eigenes fachliches Profil im Rahmenlehrplan mit eigenem Curriculum. Er findet lediglich Erwähnung in den Fächern Musik, Sport, Deutsch und in einigen Bundesländern auch im Darstellenden Spiel. Zum Vergleich: in den Niederlanden ist bspw. Tanz schon seit 1993 ein Schulfach in der Mittelstufe, seit 1998 auch im Gymnasialbereich, 15 Schulen bieten Tanz als Abiturfach an! Darstellendes Spiel hat sich in Deutschland auch erst nach langen Kämpfen theaterpädagogisch arbeitender LehrerInnen als Fach durchgesetzt. Aber immer noch gibt es dieses Fach vorwiegend an Gymnasien – und das auch nicht in allen Bundesländern. Also können auch fast nur angehende Sek2-LehrerInnen Darstellendes Spiel als Fach studieren. Aber gerade im Grundschul- und Sek1-Bereich wäre ein solches Studium wichtig! Doch hier müssen LehrerInnen sich in vorwiegend von außerschulischen Anbietern angebotenen, teuren Kursen in ihrer Freizeit theaterpädagogische Fähigkeiten aneignen. Längst ist es überfällig, dass das Fach Darstellendes Spiel in allen Schulformen und allen Bundesländern curricular verankert wird.

Angesichts der mühsamen Entwicklung diese Faches erscheint es mir illusorisch zu sein, auch noch Tanz in den Schulalltag zu verorten, obwohl es keine sinnvolle Begründung gibt (außer einer historischen) für die Tatsache, dass Bildende Kunst und Musik sanktionierte Schulfächer sind, die Darstellenden Künste (Theater, Tanz) jedoch nicht.

Dass Tanz dennoch, curricular verankert, regelmäßig in allen Schulformen und allen Bundesländern angeboten wird, kann nur dann gewährleistet werden, wenn nicht gelegentliche Förderer aus Kultur und Wirtschaft die Förderung übernehmen, sondern die zuständigen Bildungsbehörden – mit oben vorgestelltem Konzept.

Tanz verbindet kognitives Lernen mit praktischem, musikalischem, künstlerischem, gestalterischem, sportlichem und sozialem Lernen und erfüllt damit den Erziehungs- und Bildungsauftrag der allgemeinbildenden Schulen in entscheidenden Punkten. Schule ist der einzige Ort, der Kindern und Jugendlichen, unabhängig von Sozialstatus und finanziellen Möglichkeiten, Tanzerfahrungen vermitteln kann. Darum muss Tanz im regulären Unterricht stattfinden und darf nicht abgeschoben werden in gelegentliche Arbeitsgemeinschaften oder noch seltenere Projekte mit außerschulischen Kooperationspartnern.

Solange die Rahmenbedingungen für Tanz an Schulen (curriculare Verankerung und Aus-/Weiterbildung) nicht geschaffen sind, wird sich am jetzigen Status Quo nichts ändern, d.h. die meisten Kinder und Jugendlichen werden keine Tanzerfahrungen (und die mit ihnen verbundenen Entwicklungsprozesse) machen können) –

es sei denn, es trauen sich auch wenig tanzerfahrene LehrerInnen, Tanzprojekte an ihren Schulen zu initiieren –

und dazu soll dieses Buch Mut machen!

B Warum Sie als FachlehrerIn für Musik, Mathe, Deutsch, Sport, Geschichte etc. sich trauen sollten, mit Ihren Klassen zu tanzen

Die Rahmenbedingungen, um Tanz wirklich in Schulen zu verankern, sind – wie wir gesehen haben – nicht vorhanden und sie werden auch in 10 Jahren noch nicht vorhanden sein. Wenn Sie als LehrerIn jedoch wissen, welche positiven Auswirkungen Tanz- oder Tanztheaterprojekte haben und wenn es Ihnen wichtig ist, dass Ihre Klassen Tanzerfahrungen machen, dann warten Sie nicht darauf, dass irgendwann in ferner Zeit Tanz curricular festgeschrieben wird und tanzpädagogisch ausgebildete KollegInnen an Ihrer Schule unterrichten, sondern fangen Sie selbst an, auch ohne oder nur geringer Tanzerfahrung.
Sie glauben, das geht nicht? Es geht – wir haben es an meiner Schule ausprobiert. Wir holten uns vielfach Hilfe von einer professionellen Tänzerin, von Büchern, Filmen, zum Teil auch Kursen – und wir trauten uns. Wir möchten Sie ermuntern sich auch einfach zu trauen.
Ihre SchülerInnen können gehen, rennen, springen, fallen, rollen – also können sie tanzen. Und Sie als LehrerIn können das auch: gehen, rennen, springen, fallen, rollen – und Sie haben überdies pädagogische Fähigkeiten. Also können Sie Tanz- und Tanztheaterprojekte initiieren. So einfach ist das – zumindest erstmal.
Natürlich sind Sie keine TänzerInnen und Sie werden natürlich dem Anspruch, den Sie an ausgebildete TanzpädagogInnen stellen würden, nicht gerecht. Aber Sie können sich gemeinsam mit Ihren SchülerInnen auf Tanzerfahrungen einlassen.

Warum Sie das neben oder in Ihrem aufreibenden Fachlehrer-Alltag tun sollten? Weil Sie selbst von diesem kreativen Prozess ungemein profitieren, physisch, psychisch und pädagogisch, und weil Sie Ihren SchülerInnen so nah sind wie sonst nie. Sie werden erfahren, dass ein solches Projekt (ob einstündig im Fachunterricht, ganztägig als Projekttag, 5-tägig während einer Projektwoche oder halb- bzw. ganzjährig in einer AG, im Wahlpflichtunterricht oder Kurs) Ihren Ort an der Schule neu definiert und Potentiale in Ihnen freisetzt, die Sie sonst nicht kennen gelernt hätten. Und Sie werden erleben, dass ein Tanz-/Tanztheaterprojekt so viele pädagogische und fachliche Themen abdecken kann, wie Sie es sich in Ihrem fachspezifischen Fächerkanon nicht annähernd erhoffen können.
Aus all diesen Gründen sollten Sie mit Ihren Klassen tanzen. Vertrauen Sie auf Ihre Fantasie und auf die Ihrer SchülerInnen.
Die Kenntnis von Warming-Up-Übungen, von tänzerischen Übungen zur kreativen Praxis (Hinführung zur Improvisation, Ausgestaltung eines musikalischen, textlichen, bildnerischen oder im Gespräch entstandenen Themas) macht es Ihnen natürlich leichter, solch ein Projekt zu beginnen. Aber dafür gibt es eine Fülle von Anregungen

und Tipps in Büchern und Zeitschriften.[5] Und wenn Sie die Möglichkeit haben, wenigstens einen Schnupperkurs im Bereich zeitgenössischer Tanz zu besuchen, nutzen Sie sie. Ein Kooperationspartner im professionellen Tanzbereich hilft Ihnen natürlich immens weiter. Holen Sie sich jede Hilfe, die Sie brauchen – aber vertrauen Sie letztlich auf Ihre Kreativität und die Ihrer SchülerInnen.

Im Grunde bleibt es dabei: Tanzen ist Gehen, Rennen, Springen, Fallen, Rollen – und das Einlassen auf Musik, Texte oder Themen. Und das gekoppelt mit Ihrem pädagogischen Know-How und dem Mut, Unbekanntes, Neues zu beginnen (Verlassen von Bewegungsmustern und anderen Mustern) lässt Tanz entstehen.

Wenn Sie der Film „Rhythm is It!" fasziniert hat, bzw. wenn Sie immer schon gespürt oder gewusst haben, dass Tanz ganz wesentlich die psychosoziale Entwicklung Ihrer SchülerInnen beeinflusst (von den schon vorher genannten positiven Einflüssen mal ganz abgesehen) und dass auch Sie selbst davon in vielfältiger Form profitieren – dann sind Sie reif für ein Tanzprojekt!

Genau dies war die Ausgangslage für das erste Tanztheaterprojekt an unserem Schulzentrum (Hauptschule und Realschule). Wir hatten dieselben Bedenken und Ängste, die Sie wahrscheinlich haben, unsere Kompetenz betreffend. Wir waren zunächst vier Lehrkräfte, die das Jahresprojekt planten – zwei ohne jegliche Tanzerfahrung, eine mit geringen, eine weitere mit etwas mehr Tanzerfahrungen – wie waren FachlehrerInnen im Bereich Mathe, Deutsch, Englisch, Musik, Politik, Geschichte – alle ohne Tanzausbildung. Wir trauten uns – zusammen mit über 100 tanzenden Haupt- und RealschülerInnen und der Anfangshilfe einer professionellen Tänzerin. Insgesamt arbeiteten schließlich neun KollegInnen und über 170 SchülerInnen an diesem Projekt mit – und viele Klassen, die kurzfristig eine Unterrichtseinheit lang in das Projekt einstiegen. Acht Monate Tanztheater fast im gesamten Schulzentrum endeten mit vier glanzvollen, immer ausverkauften Vorstellungen.

Diese Tanztheaterzeit war so voller überaus vielfältiger positiver Erfahrungen für SchülerInnen und LehrerInnen, dass wir etwas davon gern weitergeben möchten.

Change your life in a dance class (Maldooms Motto) – lassen Sie sich einfach auf Tanz ein, trauen Sie sich.

Übrigens, die Autorin und Projektleiterin des Tanztheaterprojekts war 62, als sie sich an dieses Projekt wagte – Sie sind sicher jünger!

---

[5] Siehe Literaturvorschläge S. 131/132

1. Szene unserer Romeo und Julia- Tanztheaterproduktion – aber bis dahin war es ein weiter, interessanter Weg…

C Acht Monate fächerübergreifendes Tanztheaterprojekt „Romeo und Julia" – von der Planung bis zur Premiere

1. Ziele des Projekts

1.) Wir wollten sehr vielen SchülerInnen verschiedener Jahrgänge und Schulformen durch ein gemeinsames Projekt die Erfahrung vermitteln, dass sie etwas Großartiges auf die Beine stellen können, wenn sie über einen längeren Zeitraum hinweg gemeinsam an einem Thema arbeiten, und wie viel Spaß die gemeinsame Arbeit machen kann.

2.) Im Mittelpunkt des Projekts sollte Tanz in allen Variationsbreiten stehen, vorwiegend aber zeitgenössischer kreativer Tanz. Wir wollten, dass SchülerInnen und LehrerInnen sich gemeinsam auf etwas völlig Neues einlassen und tänzerisch an einem Thema arbeiten.

3.) Durch Kooperation mit einer professionellen Tänzerin sollte SchülerInnen und LehrerInnen Mut gemacht werden, nach der Anfangsphase auch selbstständig weiterzuarbeiten. Auch die (oft tanzunwilligen) Jungen sollten im Tanzbereich eingebunden werden.

4.) Ein weiterer Gesichtspunkt war die Einbindung vieler SchülerInnen mit Migrationshintergrund.

5.) Außerdem sollte das Projekt thematisch so interessant sein, dass die Inhalte in vielen Fächern im Unterricht behandelt werden konnten – auch in Klassen, die nicht direkt tänzerisch beteiligt waren.

2. Möglichkeiten des fächerübergreifenden Arbeitens an einem klassischen Thema: Romeo und Julia

Theater- und Tanztheaterprojekte an Schulen sind zwar immer Schulhighlights, aber meistens bekommen die nicht beteiligten SchülerInnen und LehrerInnen vom Prozess des Projekts, den Fragen, Auseinandersetzungen mit dem Thema nichts mit, sie bleiben ZuschauerInnen. Die Chance jedoch, an der Schule mit vielen SchülerInnen und KollegInnen an einem gemeinsamen Thema zu arbeiten – sowohl im Theater- und Tanzbereich als auch im sonstigen Fachunterricht, wird selten genutzt. Wir wollten sie nutzen!

Das Romeo- und - Julia –Thema
„Romeo und Julia" bietet sich für eine Bearbeitung auf breiter Ebene in ganz besonderem Maße an. Ein Liebespaar zwischen zwei Welten (Familien, Kulturen...) ist in allen denkbaren Varianten seit Jahrhunderten höchst aktuell. Themen wie `Vorurteile`, `Hass`, `Gewalt`, `Erste Liebe`, `Sprachlosigkeit`, `Flucht`, `Verbannung` etc. werden in dieser Shakespeare -Tragödie so elementar abgehandelt, dass sie auch heute Jugendliche unmittelbar berühren. Alle kennen Romeo und Julia, vom Hörensagen oder von Filmen, das Thema ist bei allen SchülerInnen mit Emotionen verknüpft. Welch ein Ausgangspunkt für ein Projekt!

Für unser Romeo-und-Julia-Projekt war von vornherein klar, dass wir die Geschichte im deutsch-kurdischen Umfeld ansiedeln. Obwohl wir eine relativ kleine Schule (ca 450 SchülerInnen) im ländlichen Bereich sind, haben wir eine große Minderheit an SchülerInnen mit Migrationshintergrund, vor allem kurdischem. Erfahrungen mit 14-jährigen kurdischen Mädchen, die plötzlich verschwanden, weil sie in der Türkei verheiratet wurden, mit der (oft Macho-) Rolle der kurdischen Brüder, der Familienverbundenheit (positiver und negativer), der Gleichgültigkeit oder Ablehnung auf beiden Seiten, der deutschen wie der kurdischen – alle diese Erfahrungen legten es nahe, diese Konstellation als Ausgangspunkt zu nehmen. Es sind jedoch viele andere Möglichkeiten denkbar, das Thema „Romeo und Julia" ist so universell, dass völlig unterschiedliche Konstellationen entwickelt werden können oder auch nur ein Einzelthema in den Vordergrund gestellt wird.

Tanzthemen
Für den Tanztheaterbereich bietet das Thema eine Fülle von Bewegungsthemen: Mädchen-/Jungen-Bewegungsrituale, Kampf-Sequenzen, Macht/Unterlegenheit-Bewegungsstrukturen, Flucht-Variationen, Suche-Themen (nach der eigenen Identifikation, nach Liebe etc.), Annäherung-/Liebe-Begegnungssequenzen, tänzerische Umsetzung von Gefühlen (Wut, Hass, Trauer, Sehnsucht, Eifersucht, Ausgelassensein etc.), clowneske Tanzmomente (z. Bsp. das „Amme-Thema") , folkloristische Tänze (in unserem Projekt aus dem kurdischen Bereich), historische Tänze (Renaissance), gestische Tanzsequenzen nach Original-Shakespeare-Texten und viele andere Tanzthemen, je nachdem, wie Sie „Romeo und Julia" interpretieren.

Fachspezifische und fächerübergreifende Themen
Für den fachspezifischen und fächerübergreifenden Bereich gibt es vielfältige Möglichkeiten, im Fachunterricht das Tanztheaterprojekt mit einer Unterrichtseinheit zu begleiten oder direkt die ganze Zeit daran teilzunehmen. Nur einige Aspekte seien hier genannt:
- Im **Englischunterricht** können ab Klasse 9 Auswahltexte aus Shakespeares „Romeo and Juliet" gelesen werden, die SchülerInnen diskutieren die Problematik mit Blick auf die aktuelle Tanztheaterinszenierung, englischsprachige Romeo-und-Julia- Kinofilme werden angeschaut und

besprochen.(Es gibt zwei, aus den 60ger und 90ger Jahren, beide Filme sind unseren Erfahrungen nach geeignet für den Englischunterricht, Di Caprio-Fans werden natürlich den 90ger-Jahre-Film bevorzugen)[6]. Natürlich sind auch Theateraufzeichnungen, zum Beispiel aus dem Old Vic/London möglich, sie sind aber für die Sek 1 zu schwierig.
Role-Plays zu einzelnen Text-/Filmsequenzen schulen nicht nur die Sprechfähigkeit, sondern machen Einzelthemen emotional erfahrbar. EnglischlehrerInnen finden sicher eine Vielzahl von methodischen Möglichkeiten, sowohl Lese-/Hörverstehen als auch Sprach- und Sprechkompetenz am Thema „Romeo and Juliet" zu schulen und gleichzeitig die emotionale Anteilnahme der SchülerInnen zu mobilisieren.

- Im *Deutschunterricht* lässt sich die Romeo-und-Julia-Problematik quer durch die (auch deutsche) Literaturgeschichte verfolgen (ab Kl. 9), Kellers „Romeo und Julia auf dem Dorfe" kann gelesen, besprochen, mit dem Shakespeare-Original verglichen und mit der aktuellen Tanztheaterinszenierung in Bezug gesetzt werden. In Rollenspielen kann die Klasse Themenbereiche des Textes oder der aktuellen Tanztheaterinszenierung erspielen (ab Kl. 7), durch kreative Schreibimpulse zu Einzelthemen wird die Gesamtthematik vertieft (ab Kl. 5). Theaterinszenierungen können verglichen werden (ab Kl.8). Auch hier können neben Texten Filme die Ausgangsbasis sein.
Möglicherweise bereichern Texte aus der Unterrichtseinheit „Romeo und Julia" auch die aktuelle Tanztheaterinszenierung.

- In *Geschichte, Politik, Sozialkunde* kann die Romeo-und-Julia-Problematik im geschichtlich-sozialen Kontext erarbeitet werden: die Capulet-/Montague-Geschichte als Ausgangspunkt für Konflikte zwischen Kulturen, Nationen, Familien, Gangs, Peer Groups durch die Jahrhunderte bis zu heutigen Manifestationen. – natürlich mit besonderer Blickrichtung auf die aktuelle Tanztheaterproduktion.
Das Thema (von Konflikt bis Gewalt und Lösungsstrategien) ist in den Lehrplanrichtlinien verankert. Ab Kl. 5 können Klassen an Einzelthemen zum Romeo-und-Julia-Thema arbeiten und eventuell per Text, Video oder Tanz auch aktiv mitarbeiten.

- Im *Ethik- und Religionsunterricht* bietet es sich an, Themen wie „Vorurteile", „Gewalt", Flüchten aus der Realität", „Tod" , „Sprachlosigkeit", „Liebe" , „Zivilcourage". "Islam" etc. im Zusammenhang mit dem aktuellen Projekt zu behandeln. Die Themen sind Lehrplanthemen (ab Kl. 5 und früher), Unterrichtseinheiten zu obigen Themen begleiten das Tanztheaterprojekt oder SchülerInnen bringen sich per Text, Film, Tanz in das Tanztheaterprojekt ein.

- Im *Musikunterricht* kann die Klasse direkt am Tanztheaterprojekt mitarbeiten,

---
[6] Siehe Anhang 4, S. 146

indem sie bspw. eine Szene übernimmt und tänzerisch gestaltet oder einen Song für eine Szene schreibt und performt oder Musik dafür komponiert, arrangiert, aufnimmt oder spielt.
Wenn die Klasse nicht aktiv teilnehmen möchte, können Musikbeispiele verschiedener Komponisten zum Romeo-und-Julia-Thema verglichen und analysiert werden.[7] Oder die Klasse erfährt anhand von Ballett-, Tanztheater-, Musical-Filmen, wie verschieden Einzelthemen aus „Romeo und Julia" in Tanz umgesetzt werden können.[8]

- Im *Sportunterricht* wäre es natürlich gut, wenn wenigstens eine Klasse tänzerisch am Projekt mitarbeitet. Und wenn Sie als SportlehrerIn noch nie im Bereich Tanz gearbeitet haben, beginnen Sie jetzt damit: Rennen, Springen, Fallen, Rollen – das ist Ihr Gebiet! Also reihen Sie sich ein in die mutige Mathematik-, Deutsch-, Geschichte-etc.-Crew, die Tanztheater macht!

- Im *Chemieunterricht* kann die Klasse in einem Drogen-/Giftkurs auf Romeos Flucht-/Todessehnsüchte oder Julias Todesstarre eingehen.

- Im *Werkunterricht* haben die SchülerInnen die Gelegenheit, über die gesamte Projektdauer hinweg, Bühnenelemente und –requisiten zu entwerfen und zu bauen und sind somit ganz wesentlich in das Gesamtprojekt eingebunden. (Erfahrungen aus früheren Theaterprojekten werden auch diesmal bestätigt: Viele SchülerInnen liefern nicht nur voller Stolz ihre Bauwerke (Bühnenelemente und Requisiten) ab, sondern sie wollen sie auch stellen, bewegen, d.h. sie steigen als „BühnenarbeiterInnen" in die Produktion ein.

- Im *Kunstunterricht* eröffnet sich die Möglichkeit, ein Gesamtkunstwerk zu schaffen : Bühnenbild, Videoinstallationen, Projektionsbilder für Schattenbildszenen, Plakate, Programmhefte, Eintrittstickets etc. (Auch hier die Erfahrung: viele SchülerInnen steigen in der Endphase als TechnikerInnen/HelferInnen hinter den Kulissen ein!)

- Im Fach *Textiles Gestalten* eröffnet das Romeo-und-Julia-Projekt eine große Bandbreite an Möglichkeiten, sich kostümbildnerisch zu beteiligen: je nach Inszenierung müssen Kostüme für die (in unserem Fall über 100) TänzerInnen angefertigt werden – die Grenze zwischen Traumkostüm und Machbarkeit muss ausgelotet werden, einfache Lösungen gefunden und umgesetzt werden. Hinzukommt – zumindest in unserer Inszenierung – die Beschäftigung mit der Renaissance und der Kleiderordnung jener Zeit, der stilgerechten, aber einfachen Umsetzung dieser Kostüme.
Die Verbindung der kostümbildnerischen Gruppen mit den Tanztheatergruppen ist natürlich sehr eng: Kostümvorstellungen, Anproben finden während des

---

[7] Siehe Anhang 3, S. 136/137
[8] Siehe Anhang 4, S.146

gesamten Projekts statt. Und viele KostümbildnerInnen sind auch bei den Vorstellungen dabei: als HelferInnen beim Anziehen, als Last-Minute-NäherInnen/BüglerInnen, als MaskenbildnerInnen.

- Im *Technikunterricht* kann sich die Klasse im Bereich Licht-, Ton-, Filmtechnik in das Tanztheaterprojekt einbringen.
An meiner Schule hat sich im Laufe unserer Theaterprojekte durch die Arbeit von Technik-LehrerInnen mit ihren Klassen eine Technik-Crew etabliert, die jährlich – immer mit „alten" und „neuen" SchülerInnen - Licht und Ton bedient, filmische Dokumentationen erstellt.
Einige SchülerInnen haben das inzwischen zu ihrem Beruf gemacht und kehren oft mit ihrem Know-how bei Theaterproduktionen an ihre Schule zurück und helfen.
Das war auch bei unserer Tanztheaterproduktion der Fall: Außer einer fantastischen Licht-/Ton-Hilfe konnten wir die von SchülerInnen gesprochenen Shakespeare-Dialoge professionell aufnehmen.

Fächerübergreifendes Arbeiten an einem Tanztheater-Projekt wie „Romeo und Julia" ist also in den ganz normalen Schul-/Unterrichtsalltag integrierbar. Und es schafft eine „Wir"-Atmosphäre, wie es sie sonst selten an Schulen gibt.

3. Planungsphasen vor Projektbeginn

Am Anfang eines größeren Projekts steht immer die Idee eines Einzelnen – und bevor eine konkrete Planung beginnen kann, gilt es MitarbeiterInnen zu gewinnen.
Die Idee war, erstmals ein Tanztheaterprojekt zu wagen, das einen Großteil der LehrerInnen und SchülerInnen einbindet, sowohl direkt ins Bühnengeschehen, als auch thematisch im Fachunterricht. In Pausengesprächen wurde diese Idee weiterentwickelt – und ein Team von vier KollegInnen war entschlossen, dieses Projekt im nächsten Schuljahr in Gang zu setzen, wenn auch noch mit großen Bedenken, was die tänzerische Kompetenz betraf.

Vorstellung des Projekts auf der Gesamtkonferenz und Fachbereichskonferenz Musisch-Kulturelle Bildung ein halbes Jahr vor Projektbeginn

Die Vorstellung erfolgte mit dem Ziel, möglichst viele MitarbeiterInnen zu gewinnen im Lehrerkollegium, bei den Eltern- und Schülervertretungen. Ziele, Thematik, mögliche Organisationsstrukturen wurden erläutert. Unser Organisationsvorschlag war zu diesem Zeitpunkt der folgende: alle tänzerischen, bühnenbildnerischen, kostümbildnerischen, technischen Gruppen sollten in den Wahlpflichtkursen Musik, Werken, Textilgestaltung, Kunst, Technik der Hauptschule und Realschule gebildet werden, wobei auch natürlich andere, nicht mit dem Projekt verbundene Wahlpflichtkurse auch angeboten werden konnten.(Bei der Umsetzung später gab es auch Arbeitsgemeinschaften, die sich in des Bühnenprojekt einbrachten.) Die thematische Einbindung in den Fachunterricht vieler Fächer außerhalb der Wahlpflichtkurse war allen KollegInnen frei gestellt, die Möglichkeiten, die solch ein Projekt auch außerhalb des Bühnengeschehens im Fachunterricht hat, wurden verdeutlicht.

Das Projekt wurde beschlossen – und wir mussten konkret planen.

Motivierung von KollegInnen in den nächsten drei Monaten

Gespräche in den Pausen und konkretere Vorstellungen für die Umsetzung des Romeo-und-Julia-Themas brachte letztendlich eine Reihe von KollegInnen dazu, sich auf das Projekt einzulassen, sowohl auf das Bühnengeschehen, als auch auf die thematische Behandlung im Fachunterricht.

Für alle KollegInnen, besonders aber für die, die sich dabei an Tanz heranwagen wollten, gab es Hilfestellungen:
- Tanzliteratur zum Thema zeitgenössischer Tanz (Literaturliste [9] und Büchertisch)
- Arbeitsblätter: Praxisübungen Tanz – Warming-Ups und Impros [10]
- Arbeitsblätter: Musikvorschläge für tänzerische Übungen und für die Arbeit an „Romeo und Julia"[11] und CDs zu diesen Themen
- Filme zum Thema „Romeo und Julia" und „Tanz" [12]
- Regionaler Lehrerfortbildungskurs „Zeitgenössischer Tanz" (ein Samstag mit einer professionellen Tänzerin)
- Kurs „Kurdische Tänze" (ein Samstag mit einer kurdischen Tanzanleiterin)

Nach drei Monaten stand fest, mit welchem Team wir in das Projekt einsteigen konnten: circa ein Viertel des Kollegiums machte im Tanztheater -/Bühnenbereich mit, ein weiteres Viertel „vielleicht" im Fachunterricht.

Kooperation mit einer außerschulischen professionellen Tänzerin

Der Lehrerfortbildungskurs „Zeitgenössischer Tanz" brachte uns erst dazu, uns tänzerische Hilfe von außen zu suchen. Auf keinen Fall wollten wir aber die gesamte tänzerische Umsetzung des Projekts an eine(n) professionelle Tänzer(in) übergeben und uns selbst „nur" als OrganisatorInnen begreifen. Wir wollten Hilfe, aber auch mit unseren SchülerInnen eigene Tanzerfahrungen machen.

Wir hatten von Tanzplan Deutschland gehört, aber hatten auf dem platten Land keine Chance, von Tanzplan gefördert zu werden. Außerdem passten die kurzfristigen, mit deutlichen Vorgaben versehenen Projekte, die Tanzplan finanzierte (in unserem Fall als nächste Tanzplanstadt Bremen) in keiner Weise zu unserem Vorhaben. Außerdem

---
[9] Siehe Anhang 1, S. 131/132
[10] Siehe Anhang 2, S. 133-135
[11] Siehe Anhang 3, S. 136/137
[12] Siehe Anhang 4, S. 146

hätten wir für die über hundert tanzenden SchülerInnen mehrere professionelle TänzerInnen gebraucht – wer sollte das finanzieren?

Unser Tanztheaterprojekt ging weit über die geförderten Tanzprojekte hinaus: es war nicht kurzfristig, der Tanz stand zwar im Mittelpunkt, war aber vernetzt mit vielen fachspezifischen und fächerübergreifenden Themen und wir LehrerInnen wollten nicht nur organisatorische Aufgaben übernehmen, sondern mit unseren Gruppen selbst Tanzerfahrungen machen. Das passte in kein Tanzplan-Schema.

Also mussten wir professionelle tänzerische Hilfe selbst organisieren und finanzieren. Wir fanden in der Kursleiterin des oben genannten Lehrerfortbildungskurses eine professionelle Tänzerin/Tanzpädagogin, die Interesse für unser Projekt hatte und drei Monate vor Beginn des Projekts in alle Planungen mit einbezogen wurde. Sie war bereit, in der Anfangsphase praktisch mitzuarbeiten und uns auch später, bei Bedarf, mit Choreographie-Vorschlägen etc. zur Seite zu stehen.

Motivierung der SchülerInnen

- Zwei Monate vor Beginn des Projekts machten ansprechende Plakate im gesamten Schulzentrum auf das Romeo-und-Julia-Projekt aufmerksam, weckten Neugier.
- Viele Klassen sahen in unterschiedlichen Fächern diverse Verfilmungen des Romeo-und-Julia-Themas.[1] Sie wurden also thematisch und tänzerisch auf das Projekt eingestimmt.
- Fragebögen in allen Klassen zu bisherigen Tanzerfahrungen und Wünschen gaben einerseits uns angehenden TanzlehrerInnen einen Überblick über den Tanzstatus an unserer Schule, andererseits setzten sich die SchülerInnen bei der Beantwortung mit ihren jeweiligen Einstellungen zu Tanz auseinander. Wie im ländlichen Bereich nicht anders zu erwarten, hatten nur wenige SchülerInnen Tanzerfahrungen, diese stammten vorwiegend aus Tanzangeboten der Schule im Bereich „Historischer Tanz", „Folkdance", "Musical Dance", "Videoclip-Dancing".
Die Neuntklässler gingen außerdem – aber auch nur zum Teil - in die Tanzstunde (Standard, Latein), einige (wenige) Mädchen waren im örtlichen Verein in der Jazztanzgruppe, ein einziges Mädchen hatte Balletterfahrungen.
- Bei den Jungen gab es es fast durchweg keine Tanzerfahrungen und eine negative Einstellung zum Tanz, mit einer Ausnahme: Hiphop/Breakdance.

Wir LehrerInnen und SchülerInnen würden uns also - was zeitgenössischen Tanz betraf – im nächsten Schuljahr auf absolutes Neuland begeben.

- Kurz vor den Sommerferien gab es ein Treffen aller eventuell am Bühnenprojekt interessierter SchülerInnen (Tanz, Kostüm, Technik etc.), der beteiligten LehrerInnen und der professionellen Tänzerin in der Turnhalle (Ein großes Gewimmel von rund 180 Jugendlichen und Erwachsenen!). Tänzerische Warming-Ups, Kennenlernübungen und kleine Impros schafften ein erstes „Wir-Gefühl", auch alle SchülerInnen und KollegInnen, die im Bereich Technik, Bühnenbild, Kostüm etc. arbeiten wollten, tanzten mit. (Ähnliches wiederholte sich später beim ersten Projekttreff nach den Sommerferien, bei den täglichen halbstündigen Warming-Up-Phasen während der Projektwoche vor der Aufführungswoche und an

---
[1] Siehe Anhang 4, S.146

den Aufführungstagen – ein sehr schönes verbindendes Ritual.)
Anschließend wurde das Gesamtprojekt ausführlich dargestellt und auf die Einwahlmöglichkeiten nach den Sommerferien hingewiesen. Den SchülerInnen wurde auch deutlich gemacht, dass ihre mögliche Einwahl in die Projektkurse zum großen Teil auch einen über den Kurs hinaus gehenden vermehrten Arbeitseinsatz bedeutet.

Entwicklung der Story – von ersten Ideen bis zu endgültigen skizzenhaften Tanztheaterszenen

Klar war für uns, dass unsere Romeo-und-Julia-Geschichte im deutsch-kurdischen Umfeld angesiedelt wird (aus bereits genannten Gründen).
Bei Arbeitsessen entwickelten wir – ausgehend von der Shakespeare-Vorlage – die Personen und Szenenfolge: Julia ist Kurdin, in Deutschland aufgewachsen, eingebunden in die Wertvorstellungen ihrer Familie, sie soll mit einem lang versprochenen, ihr unbekanntem Cousin verheiratet werden (Paris). Romeo ist Deutscher, lernt Julia auf einer Schulparty kennen, nachdem er vorher unsterblich in Rosalind verliebt war, die ihn abwies. Aus diesem Plot entwickelte sich zunächst unsere Story und Szenenfolge.

Durch Thematisierung dieser Problematik in verschiedenen Klassen mit hohem kurdischen Migrationshintergrund wurde schnell klar, wie brisant dieses Thema war. Unsere kurdischen Schülerinnen „verstummten" beim Thema „Verheiratet-Werden", es war zu nah, sie wollten es so auf keinen Fall auf die Bühne bringen. Wir nahmen Rücksicht darauf und entwickelten mit ihnen zusammen die umgekehrte Story: Julia ist Deutsche, Romeo ist Kurde – und das Thema „Verheiratet-Werden" spielt sich nur in einer Nebenhandlung ab: Sirdans Schwester (Sirdan ist Julias Freundin und Romeos Schwester) wird verheiratet und auf ihrer Hochzeitsfeier kommen sich Romeo und Julia näher. Uns war es wichtiger, unsere kurdischen Mädchen in das Projekt einzubinden als die für uns logischere Umsetzung des Romeo-und-Julia-Themas.
Das ursprüngliche Thema war dennoch während aller Arbeitsphasen ständig präsent, aber andere Themen auch: Julias deutsche bürgerliche Familie unterliegt ähnlichen kulturellen Restriktionen wie Romeos kurdische Familie. Die nicht passende zwischenkulturelle Liebe führt zur Tragödie, wobei das tragische Ende nur stattfinden kann, weil die Charaktere der Protagonisten und die ihres Umfelds das zulassen. Der kulturelle Kodex ist dabei zwar entscheidend (z. Bsp. auch der „Ehren-Kodex"), aber nicht allein entscheidend, Romeo und Julia sind Jugendliche, zum Teil Kinder, ihre Montague- und Capulet-FreundInnen sind es auch, sie sollten die Zeit bekommen, sich zu erfahren und zu entwickeln, aber sie haben diese Zeit nicht, weil die in der Vergangenheit aufgebaute Freund-Feind-Welt das nicht zulässt.
Die vielen weiteren Themen – kulturelle Unterschiede, Liebe, Konkurrenz, Vorurteile, Hass, Fluchten, Tod – bestimmten die weitere Szenenfolge.
Komödiantische Momente waren uns - wie Shakespeare – bei aller Schwere des

Themas ganz wichtig: so wurde Shakespeares Amme bei uns zu Julias „Oma", eine in verschiedenen Tanzgruppen später von Jungen (freiwillig und mit großem Vergnügen) getanzte Figur.

Wir hielten uns in unserer Szenenfolge so nah an die Shakespeare-Szenen wie möglich und entfernten uns davon soweit wie möglich. Wir verwendeten zentrale Shakespeare-Monologe und -Dialoge, die vertanzt werden konnten und schrieben für die Anfangsszene auch eigene Dialoge, um in die Geschichte einzuführen. Wir erfanden außerdem die Figur des „Pierrot", der tänzerisch durch die Tanztheaterstory führte.

Die skizzenhaften Tanztheaterszenen lagen allen Beteiligten vor Beginn des Projekts vor.[2]

4. Verlauf nach Projektbeginn

Einwahl der SchülerInnen in die projektbezogenen Wahlpflichtkurse und Arbeitsgemeinschaften

Vor der Einwahl gab es noch einmal Informationsveranstaltungen, in denen die jeweiligen WPK-/bzw. AG-LeiterInnen ihr Vorhaben vorstellten.
Folgende Wahlpflichtkurse und Arbeitsgemeinschaften kamen zustande und arbeiteten acht Monate am Romeo-und-Julia Projekt:

Tanz: AG Kl. 6-10 (HS und RS)
      WPK Musik Kl.7 (HS und RS)
      WPK Musik Kl.7 (RS)
      WPK Musik Kl.8 (RS)
      WPK Musik Kl.10 (RS)
Bühnentechnik: WPK Technik Kl.8 (RS)
                  AG Technik Kl.7-10 (HS und RS)
Kostüme: WPK Textilgestaltung Kl. 8 (RS)
            WPK Textilgestaltung Kl.10 (HS)
Requisiten/Bühnenelemente/Plakate etc.: WPK Kunst Kl. 10 (RS)
Chor: AG Kl. 6-10 (HS und RS)

174 SchülerInnen wählten sich in die Romeo-und-Julia- Projekte ein - also ein großer Teil der 450 SchülerInnen, 104 davon in die Tanzprojekte.

Szenenaufteilung zwei Wochen nach Projektbeginn

Die beteiligten TanzkollegInnen wählten sich die Szenen aus, die sie mit ihren Gruppen tänzerisch erarbeiten wollten – nach persönlicher Vorliebe und realistischer erster Einschätzung ihrer Gruppe:
1. Szene/Prolog: WPK 10
2. Szene/Sportplatz: alle 5 Tanzgruppen, zusammen und einzeln
3. Szene/Romeo: WPK 7,2

---
[2] Siehe D: Szenen, S. 35-77

4. Szene/Henna-Abend: WPK 7,1
5. Szene/Julia: AG 6-10
6. Szene/Julias Familie: WPK 8
7. Szene/Kurdische Hochzeit: WPK 7,1 und WPK 10
8. Szene/Erste Begegnung: WPK 7,1 und WPK 10
9. Szene/Vorurteile 1: WPK 7,1 und WPK 10
10. Szene/Balkon: AG 6-10 und WPK 10
11. Szene/Vorurteile 2: AG 6-10 und WPK 8
12. Szene/Hinterhof: WPK 7,2 und AG 6-10 und WPK 10
13. Szene/Hass: WPK 10 und AG 6-10
14. Szene/Flucht: WPK 8 und WPK 10
15. Szene/Liebesnacht,Verfolgung,Tod: WPK 8 und WPK 10
16. Szene/Epilog: alle Tanzgruppen

Bei vielen Szenen waren mehrere Gruppen beteiligt, also mussten wir auch gemeinsame Proben außerhalb der Unterrichtszeit einplanen. Dass die einzelnen Gruppen unterschiedlich viele Szenen übernahmen – der WPK 7,2 nur 4 Szenen, während der WPK 10 bei 11 Szenen dabei war – lag an der Einschätzung der KursleiterInnen: was trau ich mir und meiner Gruppe zu?

Der Chor wurde von den einzelnen Tanzgruppen je nach Bedarf einbezogen, sobald der musikalische Rahmen der Szene feststand.

Erstes Treffen aller 174 fest am Bühnenprojekt beteiligten SchülerInnen, ihrer LehrerInnen und unserer Kooperationspartnerin

Das Treffen aller Beteiligten am Anfang eines Projekts ist immer ein wesentliches Ereignis, man lernt sich kennen, ein erstes Gemeinschaftsgefühl entsteht. Für die meisten SchülerInnen war es ja schon das 2. Treffen in der Turnhalle, denn die meisten beim „Schnuppertreff" vor den Sommerferien anwesenden SchülerInnen hatten sich auch in die entsprechenden Kurse und AGn eingewählt.
Die einzelnen Gruppen - Tanz, Kostüm, Technik etc. – stellten sich in Bewegungsspielen vor und ließen sich von unserer Tanzpädagogin mit diversen Übungen zum ersten gemeinsamen Tanz (2. Szene) hinführen.

Sprachaufnahmen der ausgewählten Shakespeare Monologe und Dialoge (in der Übersetzung von Thomas Brasch)

Wir entschieden uns, die Originaltextstellen, die später – zum Teil mit Musik unterlegt – zum Tanz gebraucht wurden, von SchülerInnen sprechen zu lassen und nicht auf vorhandene professionelle Aufnahmen (zum Beispiel von Katharina Thalbach) zurückzugreifen. Acht SchülerInnen des WPK 10 beschäftigten sich in Sonderproben mit den Shakespeare-Texten und nahmen sie im Tonstudio eines ehemaligen Schülers auf. Allen Tanzgruppen wurden diese Aufnahmen zur Verfügung gestellt.

Arbeit mit unserer Kooperationspartnerin

Wie viele Doppelstunden wir unsere Tanzpädagogin in Anspruch nehmen konnten, hing natürlich von den uns zur Verfügung stehenden Finanzen ab. Wir hatten durch unsere Rücklagen aus der letzten Musicalproduktion und dem diesjährigen Etat für kulturelle Veranstaltungen runde 2000,00 E für die Gesamtkosten des Tanztheaterprojekts zur Verfügung. Da wir dank früherer Theaterproduktionen technisch bereits sehr gut ausgestattet waren und auch schon über einen umfangreichen Kostüme- und Stoffe-Fundus verfügten, konnten wir einen großen Teil des Geldes für die Arbeit unserer Tanzpädagogin verwenden. Wir engagierten sie für 15 Doppelstunden, pro Stunde 30,00E plus Fahrtkosten und einer Choreographiegebühr (Massenauftritt aller Tanzgruppen in der 2. Szene) von 120,00E.

Unsere Kooperationspartnerin leitete zunächst 3 Doppelstunden mit allen 5 Tanzgruppen gemeinsam (Vorbereitung der 2. Szene) und jeweils eine Doppelstunde in jeder Tanzgruppe, wo an Präsenzübungen und Hinführung zu einer Szene der jeweiligen Gruppe gearbeitet wurde. Danach arbeiteten wir LehrerInnen erstmal allein weiter. 7 weitere Doppelstunden stand unsere Tanzpädagogin auf Anfrage zur Verfügung, wenn eine(r) von uns dringend Hilfe brauchte - und zwar in den ersten drei Monaten.

Diese Form der Kooperation war zwar terminlich sehr schwierig (die WPK- und AG-Stunden lagen ja alle an verschiedenen Tagen), inhaltlich aber sehr fruchtbar. Den Anfang des Tanztheaterprojekts mit einer professionellen Tänzerin zu gestalten, war ein großer Motivationsanschub für SchülerInnen und LehrerInnen, uns danach allein auf tänzerisches Neuland zu begeben, war eine Herausforderung und ein spannendes Abenteuer. Zu wissen, dass in Momenten, wo man nicht weiterkam, professionelle Hilfe da war, war eine große Beruhigung. Die KollegInnen schöpften die verbleibenden 7 Doppelstunden voll aus – zumeist fehlte die Erfahrung, wie aus vielen Improvisationen letztlich eine auf Musik oder Text zugeschnittene Choreographie entsteht. Je weiter das Projekt voranschritt, desto unabhängiger wurden wir von professioneller Hilfe - nach drei Monaten arbeiteten wir alle völlig allein mit unseren Gruppen.

Zum Vergleich: Wir hatten in der 8-monatigen Projektzeit 25 reguläre Doppelstunden mit unseren Kursen und AGn, 1 – 4 Doppelstunden war unsere Kooperationspartnerin in den einzelnen Gruppen dabei (außer den 3 gemeinsamen Doppelstunden) – das war nicht viel, aber es war eine unschätzbare Hilfe.

Hauptrollen – Nebenrollen

In unserer Tanztheaterproduktion gab es (kaum) Hauptrollen, also auch keine Nebenrollen. Romeo und Julia waren in jeder der 5 Tanzgruppen vorhanden und oft wurden sie auch nicht als Einzelpersonen getanzt, sondern alle waren Romeos oder Julias. Genauso verhielt es sich mit den Eltern, den FreundInnen, den Geschwistern, der Amme (Oma).

Die Rollenzuweisung fand in den 5 Tanzgruppen unterschiedlich statt. In meinem WPK 10-Kurs machten wir viele Tanzübungen zu einigen Hauptprotagonisten und die SchülerInnen füllten anschließend anhand der Rollenliste[3] und dem Szenenregister ihre Wunschrollenliste aus. Natürlich zeigt die Rollenliste, dass Romeo/heute, Julia/heute und Pierrot in den weitaus meisten Szenen einen Auftritt haben, aber da alle anderen der Gruppe bis zu fünf Rollen besetzten und in vier Szenen außerdem rollenunabhängig auftraten, hatten sie etwa die gleichen Auftrittsmöglichkeiten. (Nicht zu vergessen: in den anderen 4 Tanzgruppen gab es viele dieser Rollen auch - es gab also keine Haupt- und Nebenrollen.)

Nach der Wunschrollenliste und den Erfahrungen bei den vorherigen Tanzübungen erstellte ich einen Rollenplan mit gleichzeitigem Ersatz für jede Rolle. SchülerInnen-Wünsche und meine Einschätzung gingen weitgehend überein, nur im Einzelfall – der Rolle des Pierrots – ließ ich die AnwärterInnen die Prolog-Szene vor der Gesamtgruppe improvisieren. Die Gruppe entschied – zum Glück, wie auch ich entschieden hätte. Das war die einzige Casting-Situation in der Gruppe – und so sehr ich solche Konkurrenz-Geschichten in Gruppen zu vermeiden suche, sie sind letztlich immer Realität und der Umgang mit ihnen gehört auch zum Sozialisierungsprozess der Gruppe.

Zusammenarbeit der Tanzgruppen mit den Kostümgruppen

Die Kostümgruppen arbeiteten in den ersten Wochen, in denen die Tanzgruppen noch improvisierten und keine kostümbetreffenden Angaben machen konnten, vorwiegend mit historischen Kostümbetrachtungen (Renaissance) und umsetzbaren Entwürfen. Ihnen war klar, dass über hundert SchülerInnen zum Teil historische, zum größten Teil heutige Kostüme benötigten – und dass diese Kostüme sowohl einfach als auch für einzelne Gruppierungen symptomatisch sein mussten- keine einfache Lösung!

Da es fünf Tanzgruppen gab, in denen Romeos, Julias, Tybalts, Mercutios etc. vorhanden waren, galt es, eine einfache Lösung zu finden, damit die ZuschauerInnen überhaupt wussten: Who is who? Und da diese Personen sowohl historisch als auch heutig auftraten, war die Aufgabe umso schwieriger.

Sie lösten diese Aufgabe verblüffend einfach:

1. Alle Romeos und Julias (historisch oder heutig) sind weiß gekleidet, die Romeos mit blauer Schärpe, die Julias mit roter Schärpe.

---

[3] Siehe Anhang 5, S. 147

22

Romeo und Julia (historisch)

Julias (heute)

2. Alle Familienangehörige und FreundInnen Romeos sind blau gekleidet, mit blauer Schärpe (historisch und heutig)

FreundInnen Romeos (heute)

3. Alle Familienangehörige und FreundInnen Julias sind rot gekleidet, mit roter Schärpe

FreundInnden Julias (heute)

Capulets+Montagues heute

4. Die historischen Kostüme der Romeos und Julias (weiß mit blauer oder roter Schärpe) sind auf einfachste Art renaissance-bezogen: weißes Oberteil für Romeo, weiße Hose, blaue Mütze, weißes Kleid für Julia.

5. Die heutigen Romeo und Julias tragen weiße T-Shirts oder Hemden, weiße Hosen oder weiße Kleider/Röcke, jeweils mit blauen oder roten Schärpen.

6. Die historischen Kostüme der Capulet-Familie und FreundInnen und der Montague-Familie plus FreundInnen entsprechen den historischen Romeo- und Julia-Kostümen, nur in Rot (Julias Familie) oder Blau (Romeos Familie).

Tybalt

Tybalt und Mercutio

7. Die heutigen Julia- Familienangehörigen und - FreundInnen tragen rote T-Shirts (oder Röcke/Kleider) und rote Schärpen (um Kopf, Handgelenk oder Hüfte), und die heutigen Romeo-Angehörigen tragen blaue T-Shirts (oder Röcke/Kleider) mit blauen Schärpen.

8. Eine Besonderheit ist Romeos Familie in der Henna- und Hochzeitsszene: Blau als Grundfarbe bleibt, aber die Kostüme entsprechen einer glanzvollen Hochzeitsgesellschaft mit Bauchtänzerinnen etc.

Hochzeit in Romeos Familie

9. Pierrot bekommt ein klassisches Pierrot-Outfit plus Maske.

Nach dieser Entscheidung (in vielen Pausengesprächen und Arbeitsessen erörtert), begannen die Kostümgruppen mit dem Entwurf und der Herstellung der historischen Kostüme, nähten die 104 roten und blauen Schärpen, kümmerten sich durch Suche im Kostümfundus und Umarbeitung mancher Kleider, Kopfbedeckungen um die weitere Ausstattung.
Die Tanzkurs-LeiterInnen lieferten ihnen die genaue Anzahl der historischen Kostüme, Schärpen etc. und schickten ihnen TänzerInnen zur Anprobe, was terminlich nicht einfach war, weil ja die Tanzkurse an anderen Tagen stattfanden als die Kostüm-Kurse. Wir schafften es dennoch, in Pausen, Sonder-Meetings und -Proben, TänzerInnen und KostümbildnerInnen zusammenzuführen. Zwischen den Kostümgruppen und den Tanzgruppen war ein ständiger, sehr intensiver Kontakt. Viele der KostümbildnerInnen waren später auch bei den Aufführungen dabei, halfen ihren TänzerInnen beim Anziehen, Schminken, standen mit Bügeleisen und Nadel für kleine Pannen parat.

Manches Kostümproblem wurde auch, wenn es sich anbot, nach Hause zu den Eltern weitergereicht, die vielfach helfend einsprangen.
Die Kostümgruppen nähten auch die neu angeschaffte riesige Schattenspielleinwand.

Die Arbeit der Technikgruppen
Die Technikgruppen arbeiteten in verschiedenen Bereichen:
1. Projektionen

Nach Vorgabe der Tanzgruppen, bzw. des Szenenregisters suchten sie im Internet nach geeignetem Projektionsmaterial oder stellten es selbst her.

 z. Bsp. Zum Thema Hass (13. Szene)

 oder Thema Flucht (14. Szene)

2. Tontechnik

Die SchülerInnen wurden in Grundbegriffe der Tontechnik eingeführt, lernten das Mischpult bedienen, erstellten einen Mikro-Plan für die benötigten Headmikros und Richtmikrophone und einen Musikplan für den genauen Einsatz der Tonträger.

 Tontechniker

3. Lichttechnik

Die SchülerInnen lernten die Funktionen und Möglichkeiten der verschiedenen Scheinwerfer, Verfolger, Schwarzlicht-, Schattenspiel-Licht kennen und bedienen.

27

Nach Vorgaben der Tanzgruppen, bzw, nach eigenen Ideen wurde ein Lichtplan entwickelt.

Lichttechniker

Bsp. Lichttechnik:Prolog, Pierrot führt in die Geschichte ein, als Schattenspiel die Montagues und Capulets

Bsp. Lichttechnik: Schwarzlicht 10. Szene (Balkonszene)

.4. Film

Die SchülerInnen lernten den Umgang mit Filmkameras, arbeiteten an einer Dokumentation des Projekts, filmten die Aufführungen. (Es entstand eine zusammengeschnittene CD aller Aufführungen und eine CD „Specials", in der sie besondere Situationen der Projektwoche, der Aufführungen und hinter den Kulissen festhielten.)

Die Arbeit des WPK Kunst
Die Gruppe entwarf und baute Julias Balkon,

Julias Balkon

Pierrots großes Shakespeare-Buch, die Graffitti-Rückwand, den Baum für die 15.Szene.
Sie beschäftigten sich mit Plakatgestaltung, entwarfen viele Plakate für die Tanztheateraufführung, wählten drei aus und verbreiteten sie im Aufführungsgebiet. Sie gestalteten ein Programmheft und Eintrittskarten, kümmerten sich um den Druck und übernahmen während der Aufführungswoche diverse Helfertätigkeiten.

3 der entworfenen Plakate

Die Arbeit des Chors
Der Chor übernahm für einige Szenen, in Absprache mit den Tanzgruppen, die gesangliche Gestaltung, war auch zum Teil auf der Bühne präsent als Teil des Bühnengeschehens.

Die Bühne
Wir benutzten zwei Spielflächen, die Hauptbühne (Pausenhalle-Bühne) und eine Vorbühne (von Werk-Gruppen für die vorherige Musical-Produktion gebaut), beide Bühnen waren durch eine aufziehbare Schattenspieleinwand getrennt. Das erlaubte uns einen fliegenden Szenenwechsel, da kleine Umbauten (Bühnenelemente, Licht, Micros) auf der Hauptbühne vorgenommen werden konnten, während auf der Vorbühne das Tanzgeschehen weiterlief. Außerdem diente in vielen Szenen die

zugezogene Schattenspielleinwand als Projektionsfläche, bzw. als Schattenspielfläche.

Als Bühnenelemente benutzten wir diverse kleine schwarze Podeste, die in verschiedenen Szenen als Treppen, Sitzmöbel etc. verwendet wurden (Die Podeste waren bei einer früheren Theaterproduktion im Werkunterricht hergestellt worden) und zwei kleine Stellwände, die in einigen Szenen mit schwarzen, weißen, gelben oder roten Tüchern, bzw. einem großen oliven Fallschirm bedeckt wurden und so entweder für Schwarzlichtszenen wichtig waren, als Projektionsfläche auf der Hauptbühne dienten, als Hintergrund für verschiedene Räumlichkeiten benutzt wurden oder zur Waldhütte in der 15. Szene umdrapiert wurden. Die Grafitti - Rückwand der Hauptbühne konnte mit einem schwarzen Vorhang geschlossen werden, der „Balkon" (10. Szene) war rollbar, also auch schnell auf- und abbaubar.

Wöchentlicher Treff der am Bühnenprojekt beteiligten LehrerInnen
Der regelmäßige Treff war äußerst wichtig für den Verlauf des Projekts: Sonderproben und notwendige Anschaffungen mussten abgesprochen werden, die Zusammenarbeit mit den Kostüm-, Technik-, Requisiten-/Kunst- und ChorlehrerInnen wurde intensiviert, Musik- und Choreographie-Ideen wurden ausgetauscht. Auch mancher Frust konnte hier abgelassen werden, bzw. mancher Höhepunkt gefeiert werden.

Sonderproben
Von Anfang an war uns allen klar, dass die Tanzgruppen mit den regulären wöchentlichen Doppelstunden nicht auskommen würden. Es gab viele Szenen, in denen alle oder mehrere Gruppen zusammen tanzten und somit auch zumindest ein- bis dreimal außerhalb des Unterrichts zusammen proben mussten. Insgesamt hatten alle Tanzgruppen im Schnitt 4 bis 10 Sonderproben. Der WPK 10, der auch die Sprachaufnahmen übernommen hatte und sehr viele Szenen tänzerisch erarbeitete, kam sogar auf 30 Sonderproben, wobei allerdings oft auch nur einige SchülerInnen des Kurses beteiligt waren. Es war erstaunlich, wie bereitwillig die meisten diese Zusatzstunden mitmachten, ja zum Teil sogar Zusatzproben einforderten. Motivation, Verantwortungsgefühl und positive Gruppenerlebnisse nahmen im Verlauf der 8-monatigen Arbeit stetig zu. Und deutlich war auch, welche positive Entwicklung einzelne SchülerInnen durchliefen, im sozialen, kreativen oder tänzerischen Bereich.

Bewertung/Zensuren
Wahlpflichtkurse müssen bewertet werden, und so mussten wir leider auch unsere TanzschülerInnen bewerten. Grundlage dafür waren folgende Faktoren:
- Tanz/Ausdruck: Wie gut kann er/sie improvisieren, welche Entwicklung im kreativen Prozess hat er/sie gemacht?
  Wie gut kann er/sie die entstandenen Choreographien tanzen?

- Einsatz: Wie ernsthaft und mit welcher Ausdauer erledigt er/sie die gestellten Aufgaben? Wie gut bringt er/sie sich bei tänzerischen Partner- und Gruppenaufgaben ein? Übernimmt er/sie freiwillige Sonderaufgaben, bzw. treibt er/sie tänzerische Prozesse durch weitergehende eigene Vorschläge voran?

- Projekthefter: Ist der Hefter vollständig, enthält er alle theoretischen, choreographischen, organisatorischen Arbeitsblätter? Zeigt der Hefter, dass mit ihm gearbeitet wurde (zum Beispiel Randnotizen, zusätzliches Material…)

Projektwoche vor den Aufführungen

Schon bei der ersten Vorstellung des Projekts auf der Gesamtkonferenz beantragten wir, die jährliche Projektwoche vor die Aufführungswoche zu legen. Alle 174 am Bühnenprojekt beteiligten SchülerInnen, ihre KursleiterInnen und drei weitere KollegInnen, die sich als Aufsicht/Helfer angeboten hatten, wurden aus der sonstigen Projektwochenplanung herausgenommen und verbrachten die Woche gemeinsam im Bühnenraum mit der endgültigen Realisierung des Tanztheaterprojekts.

Bereits am Wochenende davor schufen unzählige HelferInnen aus allen Projektgruppen aus der trostlosen Pausenhalle einen Theaterraum.

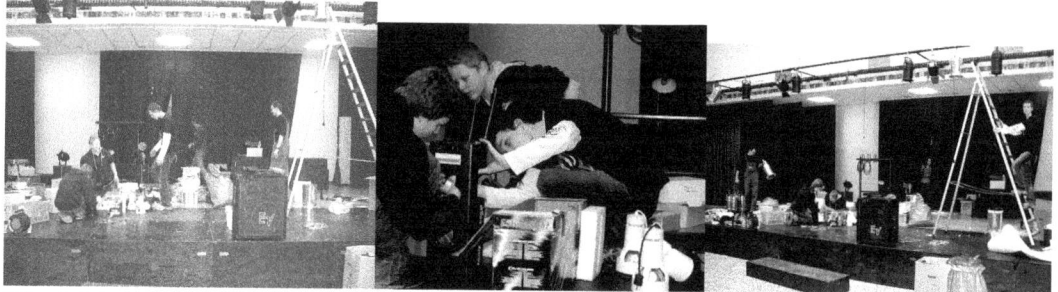

Einrichten des Theaterraumes

- Die Vorbühne wurde aufgebaut.
- Die Halle wurde mit schwarzen Folien verdunkelt.
- Ton-, Licht- und Projektionstechnik wurden installiert.
- Bühnenrequisiten und Schattenspielleinwand erhielten ihren Platz.
- Vier Klassenzimmer rund um die Halle wurden hergerichtet als Garderobenräume für die TänzerInnen und HelferInnen, alle erhielten ihren Platz für die eigene Kostümkiste, Spiegel etc. Die Räume wurden mit Monitoren ausgestattet, auf denen das Bühnengeschehen verfolgt werden konnte, so dass die Gruppe rechtzeitig für ihren Auftritt hinter den Kulissen war.
- Kassenraum, Getränke- und Snackecken für den Pausenimbiss wurden eingerichtet und gestaltet (Die Bewirtung übernahmen in der Aufführungswoche Mütter und Väter des Schulfördervereins).

In der Projektwoche hatten wir nun fünf Tage Zeit, Tanz, Chor, Licht, Ton, Projektion erstmals zusammen zu bringen und Übergänge, Umbauten zu proben. Jeder Projekttag begann mit gemeinsamen Warm-Ups auf der Bühne und im Zuschauerraum, an denen auch alle NichttänzerInnen teilnahmen. Zunächst leiteten wir TanzlehrerInnen diese Übungen, zu unserer Überraschung übernahmen später SchülerInnen die täglichen Warming-Up-Phasen und führten dies auch in der Aufführungswoche fort. Es war jedes Mal ein überwältigendes Erlebnis, wenn etwa 200 SchülerInnen und LehrerInnen, zum großen Teil schon kostümiert, zusammen tanzten.

Warming-Ups

Die Projektwoche mit all ihren Tiefpunkten – die ersten zwei Tage schien nichts zu klappen – schweißte alle noch mehr zusammen. Aber jede(r), SchülerIn wie LehrerIn, brauchte einen langen Atem, es gab viel Warterei wegen technischer Pannen und manche Szene musste auch etwas verändert werden. Die SchülerInnen bewiesen sehr viel Solidarität und Verantwortungsgefühl, applaudierten auch nicht so gelungenen Tanzpassagen, wiederholten Sequenzen, so oft es nötig war.

Einen halben Tag nahmen wir uns auch Zeit, nur mit den BühnenarbeiterInnen die Umbauten zu proben – eine Maßnahme, die später Früchte tragen sollte. Und auch die Applausordnung wurde mehrfach geübt (bei 174 SchülerInnen auf einer relativ kleinen Bühne eine unbedingte Notwendigkeit!).

Am letzten Projekttag hatten wir endlich alle die Gewissheit, dass alles klappen könnte. Jetzt wussten wir auch, dass unser Tanztheaterstück tatsächlich die geplanten zwei Stunden dauerte, einschließlich einer 20-minütigen Pause.

Aufführungswoche

Am Premierentag machten wir morgens die Generalprobe mit einigen Klassen als ZuschauerInnen – und wir wussten, wir hatten es geschafft!

Der Funken sprang über – bei den eher skeptischen KlassenkameradInnen. Wir hatten danach vier völlig ausverkaufte Vorstellungen.

Die Atmosphäre während der Aufführungswoche ist schwer beschreibbar: Die Warming-Up-Rituale, die quirrelige Hektik in den Garderoben, die Scherze und Anbändelungen in und zwischen den Gruppen, die gesteigerte Nervosität, wenn der Zuschauerraum sich füllte, das gegenseitige Schminken – und dann der Moment des ersten Auftritts, in allen Gesichtern die Anspannung und die Zuversicht: Ich gebe mein Bestes. Dann das glückliche Strahlen, wenn der Applaus einsetzte und das Mitfiebern vor den Monitoren, wie schafft die nächste Gruppe ihren Auftritt diesmal? Die absolute Konzentration der BühnenarbeiterInnen und TechnikerInnen hinter den Kulissen, die auf ihren nächsten Einsatz warteten, die schon fast professionelle Ruhe der Licht-, Ton-, Projektions- und Kameraleute. Und dann die spürbare Euphorie beim letzten Applaus-Auftritt!

Backstage: Garderoben

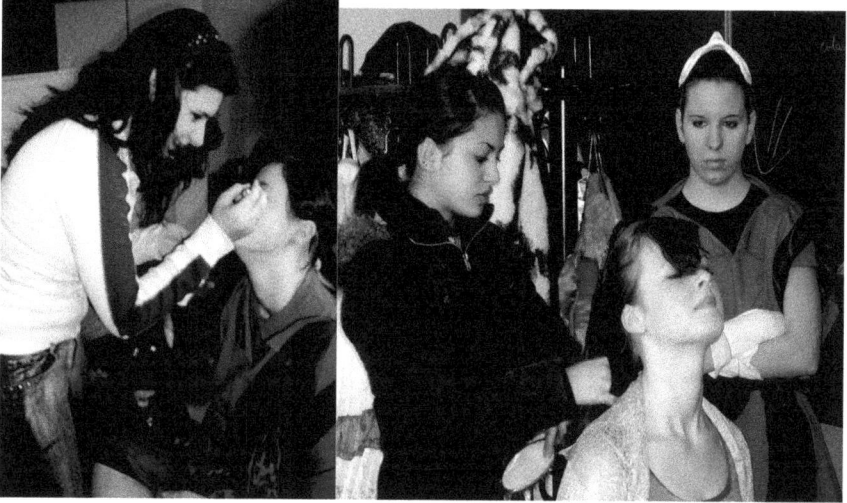

Backstage: Schminken, Frisieren, Kostüme ausbessern, Flirten –

Nach der Aufführung war es für alle auch inzwischen eine Selbstverständlichkeit, mit großer Disziplin den eigenen Garderobenplatz aufzuräumen, alles für die nächste Aufführung bereit zu legen, die Technik, die Bühnenrequisiten auf `Anfang` zurückzufahren.
Vor der 4. Aufführung überraschte der WPK 10 uns mit der Idee, schon vor Beginn im Zuschauerraum zu agieren (in historischen Kostümen) mit einer Battle-Schimpfkanonade zwischen Capulets und Montagues. Ich traute ihnen inzwischen alles zu und ihre Performance war so gut, dass ich es schade fand, dass wir sie nicht längst eingeplant hatten.

Nach den Aufführungen
Nach der Aufführungswoche hieß es: aufräumen, einpacken, abbauen – wieder mit vielen freiwilligen HelferInnen aus diversen Projektgruppen.
Eine Schülerin drückte ihre Empfindungen folgendermaßen aus (Zitat):
„Das waren 8 Monate lang unvergessliche Erlebnisse, wir packen sie jetzt ein, aber wir können sie jederzeit wieder hervorholen, und unsere Erfahrungen dabei bleiben sowieso."
Natürlich gab es nach der letzten Vorstellung eine Fete und nach der Fertigstellung der Filme ein Treffen am Ende des Schuljahres mit Rückschau und Feiern.
Die WPK-Kurse und AGn liefen nach den Aufführungen zum Teil weiter mit einer thematischen oder fachbezogenen Vertiefung, zum Teil durften SchülerInnen und LehrerInnen einen Teil der geleisteten Zusatzstunden auch einfach „abfeiern".

5. Fazit
- Ein Tanztheaterprojekt, auch dieses Umfangs, lässt sich für alle Beteiligten erfolgreich durchführen – auch von wenig tanzerfahrenen LehrerInnen.

- KollegInnen mit wenig Tanzerfahrungen können Tanzstunden anleiten, wenn sie sich trauen und etwas professionelle Hilfe erhalten.

- Die <u>gemeinsamen</u> ersten Schritte und Erfahrungen von SchülerInnen und LehrerInnen im Bereich „zeitgenössischer Tanz" sind soziokulturell für alle eine große Bereicherung.

- Sehr viele SchülerInnen verschiedener Jahrgänge und Schulformen arbeiteten über einen langen Zeitraum hinweg gemeinsam an einem Projekt, hatten viel Spaß dabei und lernten viel.

- Viele Jungen (vorher laut Fragebogen tanzunwillig oder nur an Hiphop interessiert) engagierten sich auch im Tanzbereich (von den 104 Tanzeleven waren 40 männlichen Geschlechts).

- Ein großer Anteil von SchülerInnen mit Migrationshintergrund konnte dank unserer Interpretation des Romeo- und Julia-Stoffes in das Projekt einbezogen werden, leisteten mit ihrem Wissen und ihren Tanzkünsten nicht nur in den „kurdischen" Szenen einen unschätzbaren Beitrag zum Projekt. Zwischen unseren deutschen und ausländischen SchülerInnen wuchs die Verständnisbereitschaft ganz spürbar.

- Das Tanztheaterprojekt war eingebunden in viele Fachbereiche und Fächer. Das Thema Romeo und Julia mit all seinen Einzelfacetten war acht Monate lang präsent im gesamten Schulzentrum – in den Projektgruppen und im Unterricht vieler Fächer.

- Das Gesamtprojekt (Tanz, Kostüm, Licht, Ton, Projektion, Chor, Requisiten, Media, Dokumentation, Unterrichtseinheiten im Fachunterricht) hat fächerübergreifend zu einer sinnlichen Erfahrung der Romeo- und Julia - Problematik geführt und zu einem „Wir"-Gefühl:
Wir, so unterschiedlich wir sind, schaffen es, so was Tolles auf die Bühne zu stellen! – Eine solche Erfahrung hat ihre Auswirkungen......

D Romeo und Julia: Szenen (eigene Version)

(Zur Erinnerung: die mit „Text" bezeichneten Shakespeare-Dialoge/Monologe kommen vom Band, unterlegt mit Musik!)

1. Szene: Prolog[4] (WPK 10)

Bühne: Schattenspielleinwand geschlossen, Spielfläche sind Vorbühne und Schattenspielleinwand (auf der Hauptbühne ist bereits die 2.Szene aufgebaut).

Musik 1: Shakespeare-Prolog[5], unterlegt mit Musik (Preisner, Die zwei Gesichter der Veronika, Hauptmotiv)[6]
<u>Pierrot</u> (mit großem Shakespeare-Romeo-und -Julia-Buch) tanzt zum Prolog und zur Musik.
<u>Schattenstandbilder der historischen Capulets und Montagues (mit</u> Masken) hinter der Leinwand: Capulets links (Julia, Amme, Eltern, Tybalt), Montagues rechts (Romeo, Mercutio, Benvolio, zwei Freunde).

Prolog-Text:
Seht, zwei Familien hier von gleichem Stand
Verona sei der Ort für unser Stück
Wo alter Hass setzt neue Wut in Brand
Und Bürgerkrieg ist höchstes Bürgerglück
Zwei Elternpaare, Feinde voller Wut
Stoßen die Tochter und den Sohn zur Welt
Doch Kinderliebe stirbt in Kinderblut
Das ihren Eltern solchen Krieg vergellt
Wie solche Liebe kommt und solcher Hass
So lange dauert, bis die Liebe geht
Wenn ihre Kinder tot sind, das ist das
Was ihr auf unsrer Bühne heute seht
Wenn ihr zwei Stunden zuseht unserm Spiel
Kann sein, dann wisst ihr mehr
Kann sein – nicht viel -

Musik 2: Scarborough Fair (trad.)
Maskenball bei den Capulets.
<u>Chor</u> singt verteilt ums Publikum herum, zunächst leise, sammelt sich dann zum Chor-Kollektiv rechts vor der Bühne.
<u>Capulet- und Montaguegruppen</u>
a) tanzen in Slow-Motion hinter der Schattenspielleinwand vor auf die Vorbühne

---

[4] Siehe auch E Unterrichtsststunden und Choreographien: 1. Szene , S. 78 - 84
[5] Alle verwendeten Shakespeare-Texte sind ausschnittsweise übernommen aus der Übersetzung von Thomas Brasch
[6] Siehe Anhang 3, S. 136

b) Renaissance-Tanz der beiden Gruppen (Romeos Gruppe wird dank der Masken nicht erkannt), dabei: Romeo und Julia haben Augenkontakt, bewegen sich aufeinander zu, tanzen, nehmen die Masken ab.
c) Beide werden von ihren Familien/Freunden auseinandergerissen
d) Tybalt und Mercutio kämpfen
e) Pierrot geht dazwischen, schlägt sein Buch auf

Dialog Julia(heute)/Sirdan (Musik läuft weiter)
Julia und Sirdan kommen durch den Zuschauerraum.
Julia: Halt!!
Sirdan: Wir kennen das Ende schon-
Capulets und Montagues verschwinden in Slow-Motion hinter die Leinwand. Standbilder.
Julia: Eine uralte Story –
Sirdan: Aber zum Weinen schön-(*Julia blättert in Pierrots Buch.*)
Julia: Ja und zum Schluss liegen sie beide in dieser dunklen Gruft –
Sirdan: Und alles nur wegen ihrer Eltern –
Julia: Naja, ihre Freunde waren auch nicht ohne -. Aber was geht uns das heute an. Das ist mehr als 500 Jahre her!
Sirdan: Aber was für eine Liebe!
Beide beginnen scherzhaft/übertrieben zu tanzen.
Julia: Willst du schon gehen – noch ist es doch nicht Tag –
Sirdan: Es war die Nachtigall und nicht die Lerche –
Julia: Die Lerche war`s, der Morgenpostillion -
Sirdan: Ich steig hinab – lass dich noch einmal küssen –
Julia: Oh Freund, oh Gatte, bist du mir entrissen? – Mach weiter, Sirdan!
Sirdan: Weiß nicht weiter – aber du siehst herrlich bescheuert aus –
Julia*(zu Pierrot)*:Klapp das Buch zu, Junge. So was gibt's heut nicht mehr – verfeindete Adelsfamilien, tragischer Liebestod –
Schattenbild aus. Pierrot ab. Musikstopp.
Sirdan: Aber Liebe auf den ersten Blick – was ist damit?
Julia: Na, das gibt's – logo!
Sirdan: Glaubst du wirklich?
Julia: Na klar –
Sirdan: Bei uns nicht. Du weißt doch, meine Schwester heiratet morgen Sükrü. Und das war schon so abgemacht, seit sie Kind war.
Julia: Und – liebt sie ihn?
Sirdan: Weiß nicht – wahrscheinlich nicht –
Julia: Warum heiratet sie ihn dann?
Sirdan: Sie muss doch.
Julia: Ich würd mir von niemandem dareinreden lassen –

Sirdan: Hier, guck mal – das ist das einzige Foto, das meine Schwester von Sükrü hat!

Julia: Wo ist denn das?

Sirdan: Na, in unserm Dorf in der Türkei –

Julia: Und sie hat ihn nie gesehen?

Sirdan: Nur als Kind – aber dann sind wir ja nach Deutschland gegangen.

Julia: Und jetzt heiratet sie den?

Sirdan: Ja –

Julia: Ohne den zu lieben?

Sirdan: Vielleicht liebt sie ihn ja später –

Julia: - sagt deine Familie –

Sirdan: Ja –

Julia: - und du?

Sirdan: Weiß nicht. Aber das kannst du nicht verstehen.

Julia: Nee! Sirdan, wir leben im 21. Jahrhundert!

Sirdan: Ja und? Das hat doch damit nichts zu tun!

Julia: Doch, hat es. Ich kann lieben, wen ich will, ich kann…

Sirdan:…Guck mal hier – das war unser Haus – und dies bin ich mit -

Musik 2. Szene beginnt.

1. Szene: Pierrot, Capulets, Montagues

Julia und Sirdan

2. Szene: Hinterhof [7] (Alle Tanzgruppen)

Bühne: Schattenspielleinwand geöffnet, Spielflächen sind Haupt- und Vorbühne, Graffitti „I love Rosalind" an der Rückwand, schwarze Podeste in unterschiedlicher Höhe an der Rückwand, zwei Mülleimer

Musik 1: Prokofiev, Tanz der Ritter /Ausschnitt 1 [8] (WPK 10)
   Tybalt(heute) kommt tanzend mit einem Ball (Skateboard etc.) auf die Bühne, entdeckt Julia, die immer noch mit Sirdan Fotos anschaut.

Dialog: *(Musik läuft weiter)* (WPK 10) [9]
   Tybalt: Eyh Julia, hier steckste, Die Alten suchen dich, sollst Hausaufgaben machen, na los!
   Julia (dabei): Mein blöder Bruder, ja, ist ja schon gut, Tybbie –
   Tybalt: Und du, Sirdan wirst auch gesucht –
   Romeos Freunde kommen tanzend auf die Bühne, ebenso Tybalts FreundInnen.
   Sirdan: Mein „werter" Bruder – dauernd spioniert er mir hinterher –
   Romeo (*aus dem Off*): Sirdan!
   Julia: Kenn deinen Bruder gar nicht.
   Romeo: (*aus dem Off*) Sirdan!!
   Sirdan: Hast auch nix verpasst. Ich komm schon, Romeo! *(Zu Julia)*
      Nicht vergessen, morgen Abend Hochzeit – du bist eingeladen.
      Und heute – wie heißt das noch bei euch – Junggesellenabschied? Bei uns ist das der Henna-Abend, ist lustig –
   Romeo: *(aus dem Off)* Sirdan!!! *(Kurdische Schimpfwörter)*
   Sirdan: Muss los – viel zu tun. *(ab)*
   Julia: Bis dann! Klar bin ich morgen da! Tschö! *(ab)*
   Tybalt: Da bin ich mal gespannt, was die Alten dazu sagen – du bei `ner kurdischen Hochzeit – *(Romeo kommt)* – Hey Romeo! Alles klar, Kumpel?
   Romeo: Alles klar! *(Zu seinen Freunden)* Auf geht`s, Jungs, zeigt dem da mal, was `ne Harke ist!

Musik 2: Prokofiev, Tanz der Ritter, Die junge Julia [10] und Revolverhelden, Arme hoch, [11] Zusammenschnitt, Tanz des WPK 10

Musik 3: Jamilia, Superstar, [12]
   Tanz der AG 6-10

---

[7] Alle Tanzgruppen stellen nacheinander und zusammen die Ausgangssituation der Montague- und Capulet-Gruppen (heute) tänzerisch dar.
[8] Siehe Anhang 3, S. 136. Siehe auch E: Choreographie 2. Szene, S. 85-89
[9] Siehe E Choreographie 2. Szene, S. 85-89
[10] Siehe Anhang 3, S.136. Siehe auch E Choreographie, 2. Szene, Seite 85-89
[11] Siehe Anhang 3, S.144
[12] Siehe Anhang 3, S.143

Musik 4: Scissors Sisters, I don`t feel like dancing,[13]
  Tanz des WPK 7,1
Musik 5: Eigene Stomp-Rhythmen mit Alltagsgegenständen,
  Tanz des WPK 7,2
Musik 6: Filmmusik „Romeo und Julia", Local Hero[14],
  Tanz des WPK 8
Musik7: Prokofiev, Tanz der Ritter, Die junge Julia, Zusammenschnitt 3, [15]
  Tanz aller Tanzgruppen zusammen

Alle Gruppen interpretieren tänzerisch ihre Sichtweise der kurdischen Romeo-Gruppe und der deutschen Tybalt-Gruppe. Man „produziert" sich, Jungen und Mädchen auf oft unterschiedliche Weise, Animositäten werden deutlich, Rosalind lässt ihren Verehrer Romeo abblitzen.

2. Szene: Tybalt und Freund   Romeo und Rosalind

[13] Siehe Anhang 3, S.143
[14] Siehe Anhang 3, S.143
[15] Siehe Anhang 3, S.136 . Siehe auch E Choreographie, 2. Szene, Seite 85-89

40
2. Szene: Tanz aller 5 Tanzgruppen einzeln und zusammen

41

3. Szene: Romeo (WPK 7,2)

Bühne: Schattenspielleinwand geschlossen, Spielfläche ist die Vorbühne und die Schattenleinwand (die Hauptbühne wird für die 4. Szene umgebaut).

Musik 1: Preisner, Die zwei Gesichter der Veronika, Hauptmotiv[16]
  Romeo(heute) tanzt in düstern Gedanken ein kleines Solo, setzt sich.
  Schattenspiel: der historische Romeo wird von der stolzen Rosalind abgewiesen

Musik 2: Shakespeare-Dialog (Ausschnitte:1.Aufzug, 1. Auftritt + 2. Auftritt, Romeo und Benvolio, in unserer Version Romeo und Pierrot), unterlegt mit Musik (Preisner, s.o)
  Pierrot tanzt mit Romeo/heute nach Musik und Text
  Text:
  Romeo: Die Liebe ist ein Hauch aus Oh und Jeh
    Ein Feuer, das uns frisst und eine See
    Aus unseren eigenen Tränen, die uns schluckt
    Was ist sie noch? Der Wahnsinn, der uns duckt
  Pierrot: Mein Rat: denk niemals mehr an sie – vergiss!
  Romeo: Denken? Vergessen? Oh, wenn du`s mich lehrst-
  Pierrot: Ach Mann, ein Feuer brennt das andere aus
    Ein Schmerz verschwindet durch den nächsten dann
    Und wenn dir schwindlig wird, mach dir nichts draus
    Dreh dich nur andersrum, kein Schmerz hält an –
    Bist du verrückt geworden, Romeo?
  Romeo: Verrückt? Ach nein – von meinem Platz verrückt
    An einen anderen, ins Gefängnis, ja!
    Gepeitscht, gefoltert – ja!
    Ich hab mich selbst verlassen, längst, versteh!
    Das ist nicht Romeo-
  Musik aus. Pierrot ab.
  Romeo: (*spricht*) Doch wer bin ich?

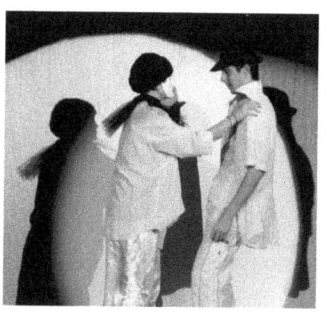

3.Szene: Romeos und Pierrot

---
[16] Siehe Anhang 3, S.136

Musik 3: Advanced Chemistry, Fremd im eigenen Land[17]
    Tanz der ganzen Gruppe: alle sind Romeos/bzw. Jugendliche mit Migrationshintergrund
    Thema: 3.Migranten-Generation, zwischen Hier und Da, Träume, Schwierigkeiten…
    Projektion zum Thema

Tänzerisch löste die Gruppe das Thema durch ständiges An- und Ausziehen von blauen (Romeo-bzw."kurdischen") T-Shirts und roten (Tybalt-bzw."deutschen") T-Shirts, wobei immer derjenige, der den schnellen Umzug nicht schaffte und zu lange „deutsch" blieb, ausgegrenzt wurde. Dennoch schlüpfte auch die ganze Gruppe immer wieder für ganz kurze Zeit in rote („deutsche") T-Shirts, fühlte sich aber nur in blauem Outfit stark genug, mit ihrer Situation umzugehen: Fremd im eigenen Land – Wer bin ich?

---
[17] Siehe Anhang 3, S. 144

44

4. Szene: Kurdischer Henna-Abend (WPK 7,1)

Bühne: Spielfläche sind Haupt- und Vorbühne, Schattenspielleinwand geöffnet. Hinterer schwarzer Bühnenvorhang nur rechts geöffnet, um eine weiße Projektionsfläche zu bieten. Die Podeste hinten sind mit gelben und roten Tüchern bedeckt, eine mit roten Tüchern bedeckte Stellwand hinten links, einige der Podeste bieten Sitzgelegenheiten auf der Hauptbühne, auch mit gelben und roten Tüchern behängt, ein Kerzenleuchter auf einem Podest.

Projektion: Sükrü, der zukünftige kurdische Ehemann von Sirdans Schwester Yasemin.

Musik 1: Tarkan, Simarik[18]

Yasemin, Sirdan, Frauen der Familie und Freundinnen feiern die Rituale des Henna-Abends (des Frauenabends vor der Hochzeit) mit kurdischen Tänzen, Bauchtanz…

---
[18] Siehe Anhang 3, S. 144

5. Szene: Julia (AG 6-10)

Bühne: Zunächst ist Spielfläche die Vorbühne (Schattenspielleinwand geschlossen, kleiner Umbau auf der Hauptbühne).

Musik 1: Preisner, Die zwei Gesichter der Veronika/Hauptmotiv[19]
Kleines Solo von <u>Julia/heute</u> und <u>Oma,</u> verspielt, Julia mit typischen kleinen Aggressionen (beschwert sich), Oma mit herzlicher Beschwichtigung. Schluss: Beide ziehen die Schattenspielleinwand auf, ab.

Bühne: Spielfläche sind Haupt- und Vorbühne. Zwei Stellwände (mit roten gelben Tüchern behängt rechts und links), hinterer schwarzer Vorhang geschlossen, ein Podest mit rotem Tuch mittig.

Musik 2: Shakespeare-Dialog (Ausschnitte:1.Aufzug, 3.Auftritt + 3.Aufzug, 5.Auftritt), unterlegt mit Musik: Prokofiev, Die junge Julia[20] + Emerson, Lake and Palmer, Bilder einer Ausstellung, Gnomus[21] (Zusammenschnitt)
<u>Pierrot</u> begleitet die Szene gestisch. Alle anderen setzen Musik und Text in Tanz um:
<u>Julia/historisch</u> und <u>Amme</u>: Julia wird angekleidet, frisiert.
<u>Lady Capulet/historisch</u> betritt die Bühne.

Text:
Lady Capulet: Du wirst jetzt 14 –
Denk jetzt an Heirat, Jüngere noch als du
Sind in Verona Mütter schon.
Graf Paris will als Ehefrau nur dich.
<u>Capulet/historisch</u> führt <u>Paris</u> herein, stellt ihn Julia vor.
Projektion auf rechter Stellwand: Sükrü, Yasemins Ehemann
Lady Capulet: Am nächsten Donnerstag in aller Früh
Soll dir der tapfere junge Herr, Graf Paris,
In der St. Peter Kirche sein Ja-Wort geben als der
schönsten Braut.
<u>Julia</u> reagiert erschreckt, ablehnend, <u>Amme</u> beruhigt, <u>Eltern</u> in sichtlicher Aufregung.
Capulet: Sie will nicht? Sie sagt uns kein Dank?
Nächsten Donnerstag mit Paris zur Kirche von St. Peter,
seid euch klar
Im andern Fall zerr ich euch selbst dahin
Du Schlampe Schlamm, du Hure hoheitsvoll, du geile Gans!
Häng dich doch auf, du kleine Hure, du!
Ich will von dir nichts hören.

---
[19] Siehe Anhang 3, S.136
[20] Siehe Anhang 3, S.136
[21] Siehe Anhang 3, S.144

Mir juckt die Faust.
Eine Idiotin, blöd, verheult.
Steht da beim höchsten Angebot und sagt:
Ich kann nicht lieben, Hochzeit nein! Ich bin zu jung!
Kuh, auf die Weide du!
Mein Haus ist zu!
Dann bettelt, hungert und krepiert am Straßenrand!
Das ist mein letztes Wort! *(ab)*

Julia flüchtet zur Mutter.

Lady Capulet: Red nicht mit mir, ich antworte kein Wort.
Mit dir bin ich am Schluss.

Capulet und Julia

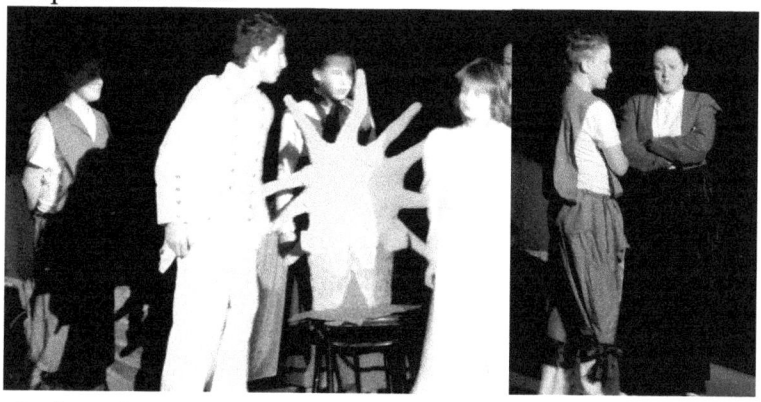

Paris und Julia   Capulet und Lady Capulet

Julia, entsetzt, verlassen – aber
trotzig und selbstbewusst

Musik aus. Pierrot zieht Schattenspielleinwand zu, ab.

Bühne: Spielfäche ist die Vorbühne (Umbau der Hauptbühne für die 6. Szene)

Musik 3: Gloria Gaynor, I am what I am[22], präsentiert durch Chor
   Tanz vieler <u>Julias/heute</u>, Thema: Mädchenträume… Ich liebe, wen ich will…

---
[22] Siehe Anhang 3, S.144

48
6. Szene: Julias Familie (WPK 8)

Bühne: Spielflächen sind Hauptbühne und Vorbühne (Schattenspielleinwand geöffnet). Zwei mit weißen Tüchern behängte Stellwänd (Projektionsflächen) im Hintergrund, Kartenständer (als Garderoben) in einer Reihe, Podeste (Stühle).

Projektion: Filmszenen oder Fotos aus Julias Familie (z.Bsp. Vater schläft auf dem Sofa vor eingeschaltetem Fernseher, Streit wegen Unordnung in Julias Zimmer, überforderte Mutter, vermittelnde Oma, Bier trinkender Tybalt etc.)

Musik 1: Mouse on Mars, Pinwheel Hermann[23]

Vor den Projektionen tanzt die Gruppe Alltagsszenen aus Julias Familie:
Themen sind Hektik und Rollenverhalten. Es tanzen mehrere Väter, mehrere Mütter, mehrere Tybalts, mehrere Omas und mehrere Julias.

---
[23] Siehe Anhang 3, S.144

7. Szene: Kurdische Hochzeit (WPK 7,1 und WPK 10)

Bühne: Spielflächen sind Haupt- und Vorbühne (Schattenspielleinwand offen). Zwei mit roten Tüchern behangene Stellwände rechts und links diagonal auf der Hauptbühne, alle Podeste sind hinten mit roten und orangen Tüchern bedeckt, ein Kerzenleuchter in der Mitte der Podeste.

Musik 1: Müslüm Gürses, Senden vazgeemen
   Hochzeitsgäste (WPK 7,1) bauen obige Szenerie auf (bzw. die 6. Szene ab), sie eilen mit Torten, Getränken über die Bühne: insgesamt ein fröhliches, turbulentes Gewimmel. Dann finden sich alle zur Hochzeitszeremonie ein. Romeo, der Bruder der Braut (WPK 10) und Julia, von ihrer Freundin Sirdan eingeladen (WPK 10), sind auch dabei.

Musik 2: Müslüm Gürses, Etme bulma dünyasi
   Hochzeitszeremonien und Tanz-Darbietungen

Musik 3: Halay [24](volkstümlich)
   Alle finden sich zum kurdischen Tanz Halay zusammen. Sirdan hilft Julia/heute beim Tanz. Romeo/heute löst sich aus dem Tanzkreis und beobachtet Julia, Pierrot folgt ihm. Julia bemerkt Romeos Blicke und schaut ihn beim Tanz unentwegt an.

---
[24] Siehe Anhang 3, S.144

50

Musik 4: Preissner, Die zwei Gesichter der Veronika (Hauptmotiv)[25]
Die Musik wird leise in den Halay hineingeblendet, wird lauter, bis zum Fade-Out des Halay. Pierrot zieht die Schattenspielleinwand zu, der Tanz geht hinter der Leinwand als Schattenspiel in Slow Motion weiter. Romeo ist auf die Vorbühne getreten.

Musik 5: Shakespeare-Dialog (1.Aufzug, 5.Auftritt), unterlegt mit Preisner, s.o.
Kleines Romeo-Solo zu Musik und Text. Pierrot versucht ihn zu beschwichtigen. Der Halay-Tanz geht als Schattenspiel in Slow-Motion weiter.
Text:
Romeo: Nach diesem Tanz will ich mit meiner Hand
    Sie streifen und mich setzen so in Brand
    Hab ich je so geliebt? Ach, schwör ab, mein Hirn
    Wie konnte Schönheit je mich so verwirren?

Julia erscheint auf der Vorbühne.

---
[25] Siehe Anhang 3, S.136

8.Szene: Erste Begegnung (WPK 7,1 und WPK 10)

Bühne: wie 7. Szene

Musik 1: Romeo and Juliet, Filmmusik: Kissing you (Instrumentalfassung, Zusammenschnitt)[26]

Während die kurdische Hochzeit (der Halay) als Schattentanz im Hintergrund in Slow Motion weiterläuft, tanzen Romeo und Julia(heute) im Vordergrund ihr „Liebe-auf-den-ersten-Blick"-Duo.[27] Der Tanz endet im Kuss.

---

[26] Siehe Anhang 3, S.144
[27] Siehe auch E Hinführung zur 8. Szene, S.90/91 und Choreographie 7./ 8.Szene, S.92-94

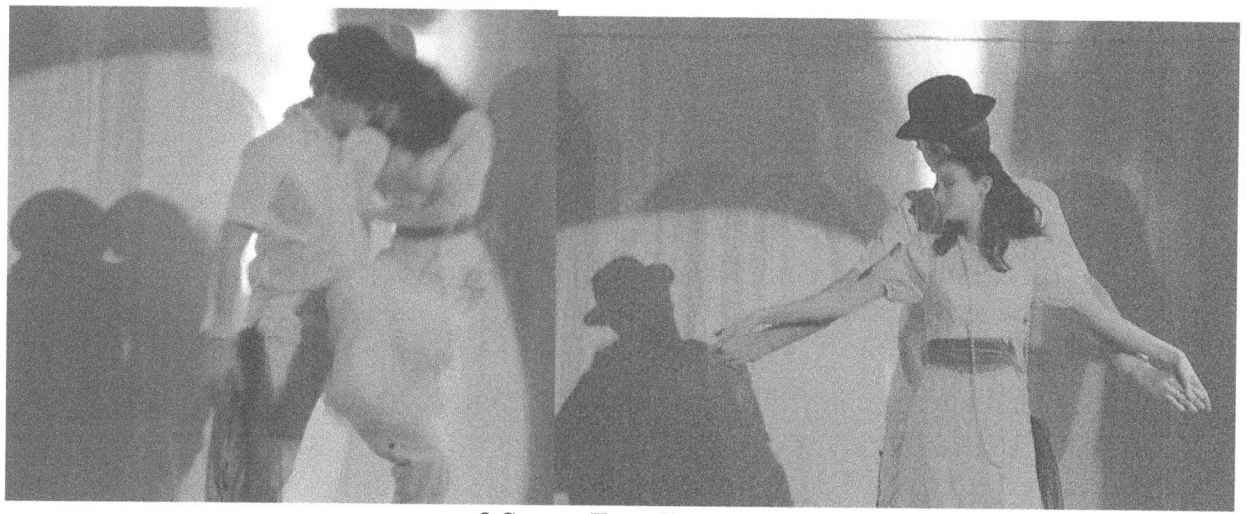

.8.Szene: Erste Begegnung

9. Szene: Vorurteile in Romeos Familie (WPK 7,1 und WPK 10)

Bühne: Wie 7. Szene, Schattenspielleinwand geöffnet.

Musik 1: Shakespeare-Dialog (1.Aufzug, 5. Auftritt), unterlegt mit Prokofiew, Tanz der Ritter, Ausschnitt (Crescendo)[28]

Romeo und Julia, im Kuss versunken. Mercutio reißt die Schattenspielleinwand auf. Romeos Familie reagiert entsetzt auf das, was sie sehen. Mercutio reißt Romeo zurück.

Text:
Mercutio: Was wagt er sich?
　　　　　Lächerlich zu machen unser Fest
　　　　　Die Ehre der Familie halte ich rein
Pierrot versucht, Mercutio festzuhalten. Julia wird abgedrängt. Sirdan versucht zu vermitteln. Tumult.
Projektion(oder Stimmen): Typische Vorurteile gegenüber deutschen Mädchen.

Tybalt platzt herein.
Tybalt: Julia! Zu Haus ist Zoff! Bist einfach abgehauen! – Was ist denn hier los? – Romeo!

Musik aus. Alle nehmen eine bedrohliche Haltung gegenüber Julia und Tybalt ein(Freeze).

---
[28] Siehe Anhang 3, S.136

Musik 2: Aubry, Primadonna[29]

In diese bedrohliche Situation platzt Julias <u>Oma</u> hinein. Ihr komischer, selbstbewusster Tanz glättet die Wogen, wenn auch immer wieder Rivalitäten aufleben, besonders zwischen Mercutio und Tybalt.
Am Schluss zieht Oma Julia und Tybalt energisch mit sich fort.

9. Szene: Oma, kurdische Hochzeitsgesellschaft, Julia, Romeo, Tybalt

- PAUSE –

---

[29] Siehe Anhang 3, S.144. Siehe auch E Choreographie 9. Szene, S.95-97

10. Szene: Balkon (AG 6-10 und WPK 10)

(AG 6-10) **Bühne:** Schattenspielvorhang geschlossen, Spielfläche ist die Vorbühne.

Musik 1: Mozart, Klavierkonzert Nr.21, Andante[30]
Kleiner Tanz von <u>Oma</u> und <u>Julia/heute</u> auf dem Weg nach Haus (von der Hochzeit kommend). Julia schwärmerisch, Oma liebevoll -energisch. Oma öffnet den Schattenspielvorhang.

(AG 6-10) **Bühne:** Schwarzlicht. Spielfläche ist die Hauptbühne. Hinterer schwarzer Vorhang geschlossen, 2 schwarze Stellwände hinten (mit weißen Gardinen), dahinter 4 schwarze Podeste, weiter vorn 6 schwarze Podeste, 2 davon markieren ein Bett mit weißem Bettzeug. Vorne links Julias Balkon.

Musik: Weiter: Mozart, s.o
<u>Julia/heute</u> in ihrem Zimmer, sie macht sich zur Nacht zurecht. Alle Gegenstände, die sie berührt, entbrennen in Liebe: die Gardinen, das Bettzeug, das Nachthemd, die Strümpfe etc .

z. Bsp. Gardinen tanzen einen Liebestanz

(WPK 10) **Bühne:** :Schwarzlicht (Bettzeug, Gardinen und alle weißen Requisiten sind verschwunden), die Bühne ist vollständig schwarz. Als Requisiten kommen ein großer weißer Mond und eine riesige Sternenfolie (schwarze Folie, mit weißen Sternen beklebt) im Verlauf des Tanzes zum Einsatz.

Musik 2: Shakespeare-Dialog (Ausschnitt aus 2. Aufzug, 2. Auftritt), unterlegt mit Musik (Mozart, Klavierkonzert 21, s.o.)

---
[30] Siehe Anhang 3, S.144

Julia/heute betritt den Balkon, Romeo/heute sitzt rechts auf der Hauptbühne, beide verfolgen/reagieren auf das Schwarzlichtgeschehen. Pierrot verfolgt das Geschehen von links der Bühne, mit aufgeschlagenem Buch.

Schwarzlicht-Tanz zu Text und Musik (Thema: Zärtlichkeiten, Begegnungen)[31]. Der Auftritt der sichtbaren (weiß gekleideten und weiß maskierten) TänzerInnen erfolgt unsichtbar dank eines großen schwarzen Tuches und der schwarzen Stellwände. Die Masken, Hände, vollständigen Liebespaare erscheinen und verschwinden wie von Zauberhand irgendwo im Bühnenraum, auf verschiedenen Ebenen.

Text
Romeo: Welch ein Licht dort durch das Fenster bricht
    Der Osten und Julia die Sonne
    Wie sie die Wange legt auf ihre Hand
    Dass ich der Handschuh wär auf dieser Hand
    Die Wange so berühren könnte
Julia : Sag, Lieber, liebst du mich? Ich weiß, ja heißt die Antwort-
    Dann Romeo, wenn du mich liebst, sprich`s aus-
Romeo: Beim Silbermond, ach will ich dir schwören
Julia : Schwör nicht beim Mond, beim wechselhaften Mond
    Der sich verändert ständig auf dem Weg
Romeo: Wobei denn soll ich schwören?
Julia : Ach, lass das Schwören.
    Gute Nacht, mein Herz-
    Die Liebesknospe wird vielleicht im Wind
    Des Sommers eine Blume, lass uns sehen-
    Gut Nacht, gut Nacht-
Romeo: Ach, lässt du mich so unbefriedigt gehen?
Julia : Was soll befriedigt sein heut Nacht – für wen?
Romeo: Die Liebe mit dem Tausch der Schwüre!
Julia : Mein Lieben ist so grenzenlos und tief
    Die Liebe wie die See
    Je mehr ich geb, ach desto mehr hab ich-
    Und ohne Maß-

---

[31] Siehe E Choreographie Szene 10, S. 98-102

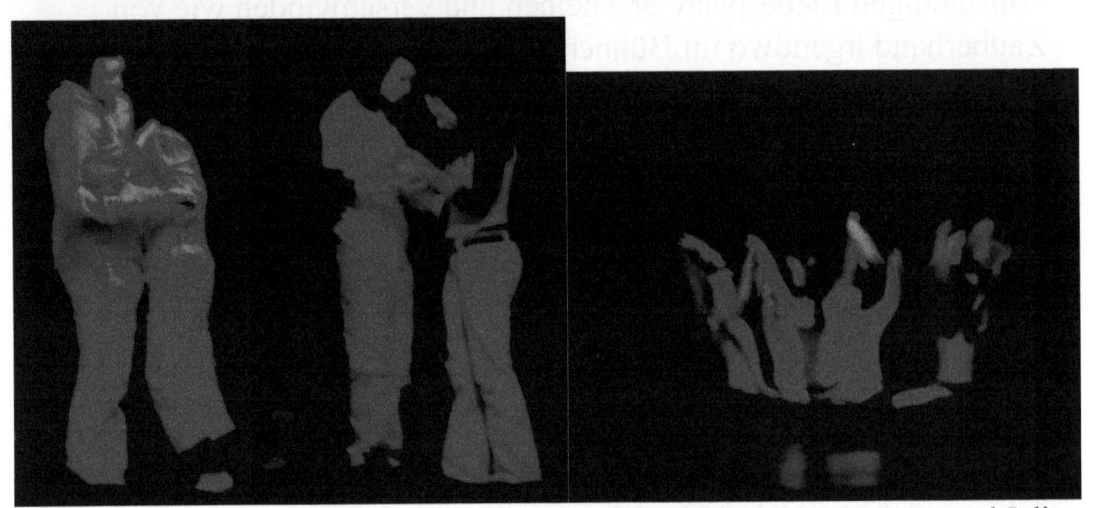

Schwarzlicht-Begegnungsszene (Balkonszene), getanzt von vielen Romeos und Julias

(Die Vorarbeit zu dieser sehr „intimen" Szene lief über vielfältige Partnerübungen zum Thema `Zärtlichkeit`. Viele nicht sichtbare (ganz schwarz gekleidete und schwarz maskierte HelferInnen) waren nötig, um diese Szene zu realisieren. Für die Gruppe bedeutete diese Szene ein Höchstmaß an Konzentration, Kreativität und Disziplin.)

(WPK 10)**Bühne**: wie oben.

> Oma *(aus dem Off)*: Julia!
> *Musik aus. SchwarzlichttänzerInnen verschwinden unsichtbar. Schwarzlicht aus, Bühnenlicht. Julia auf dem Balkon, Romeo unten vor dem Balkon. Pierrot ab.*
> Julia: Ich komm gleich rein –
> Romeo: Julia!
> Julia: Geh, Romeo! – Wenn dich meine Familie hier findet –
> Romeo: Ist mir egal –
> Julia: Oder deine Familie – sie mögen mich nicht –
> *(steigt vom Balkon)*
> Romeo: Psst! – Ich mag dich – und du?
> *(Julia küsst ihn)*

58

(WPK 10) **Bühne:** wie oben

Musik 3: Gaynor, The heat is on[32]
Romeo und Julia tanzen ein Rock`n Roll Duo

(Nach Rock`n Roll-Tanzübungen in der gesamten Gruppe entwickelten die Romeo-und Julia-Protagonisten ihre Choreographie allein, mit für mich halsbrecherischen Übungen, die nach vielen Diskussionen und Proben auf ein zumutbares Bewegungspotential zurückgeführt werden konnten. Dennoch: ihr Tanz war zündend – gerade auch als Kontrast zu den „romantischen" Schwarzlicht- Interpretationen.)

---
[32] Siehe Anhang 3, S. 144. Siehe auch E: Choreographien Szene 10, S.102/103

Bühne: wie oben
    Oma *(aus dem Off):* Julia!
    Julia: Ja, gleich!
    Pierrot zum Bühnenrand links.

Bühne: wie oben

Musik 4: Shakespeare-Dialog (2. Aufzug,2.Auftritt/Ausschnitt), unterlegt mit Musik (Preisner, Hauptmotiv[33])
    Abschied Romeo und Julia – Tanz-Duo

    Text:
    Romeo: Oh wunderbare Nacht -
        Ich fürchte nur, sie täuscht mir einen Traum als Wirklichkeit
    Julia : Ach, tausendmal gut Nacht –
        Die Trennung tut schön weh –
        Ich sag `Gut Nacht`, bis ich den Morgen seh -
Romeo geht ab, Musik aus.
    Julia : Seh`n wir uns morgen?
    Romeo: Ich komm zu euch! *(ab)*

Bühne: wie oben

Musik 5: Aubry, Primadonna[34]
    Oma führt Julia ins Schlafzimmer zurück, mit einigen Schwierigkeiten.
    Oma: Kind, hier draußen in der Kälte! Du bist ja ganz erhitzt! Hast du Fieber? Ab ins Bett! Wenn deine Eltern mitkriegen, dass du noch draußen bist! Ach nee, was macht man alles mit dir mit! Da musste ich sie schon anlügen, wegen der Hochzeit – und jetzt....
    (Weiterlamentierend mit Julia ab, Pierrot ab)

Pierrot zieht die Schattenspielleinwand zu. Schneller Umbau der Hauptbühne.

---
[33] Siehe Anhang 3, S.136
[34] Siehe Anhang 3, S.144. Siehe auch: E Choreographien 10. Szene, S. 103/104

11. Szene: Vorurteile in Julias Familie (AG 6-10 und WPK 8)

(AG 6-10) **Bühne:** Spielfläche sind Haupt- und Vorbühne. Vier Podeste in der Mitte der Hauptbühne, anderen Podeste an der Rückwand.

Musik 1: De Randfichten, Holzmichel[35]

Romeo/heute steht vor der Schattenspielleinwand, will Julia besuchen, ist unsicher, drückt dann entschlossen den „Klingelknopf". Julia/heute öffnet die Schattenspielleinwand.

Sonntagnachmittag. Schläfrig-aggressive Atmosphäre in Julias Familie, jede(r) ist bei seiner Sonntagsbeschäftigung.
Tybalt denkt zunächst, Romeo wolle ihn abholen, holt seinen Ball, aber
Julia stürmt auf Romeo zu, Tybalt tritt dazwischen . Julia stellt Romeo den Eltern vor, eisige Ablehnung. Omas Vermittlungen scheitern.

Schluss: Romeo wird abgewiesen, Julias Familie zieht Schattenspielleinwand zu.

(WPK 8) **Bühne:** Spielfläche sind Vorbühne und Projektionen und Schattenspiel auf der Schattenspielleinwand.

Musik 2: Jim Steinmann, Ewigkeit (aus: Tanz der Vampire)[36]
Thema der Tanzperformance und der Projektionen: Vorurteile.

---
[35] Siehe Anhang 3, S.144
[36] Siehe Anhang 3, S.145

Schattenspiel und Tanz des WPK 8 zum Thema „Vorurteile"

Dabei: Umbau der Hauptbühne für 12. Szene

12. Szene: Hinterhof (WPK 10, AG 6-10, WPK 7,2)

(WPK 10)**Bühne:** Links neben der Vorbühne Tybalt und FreundInnen (heute), rechts neben der Vorbühne Mercutio und FreundInnen (heute).

Musik 1: Aubry, Simagees[37]

Deutliche Aggressionsstandbilder nach obiger Musik, wobei Aktions-/ Reaktionsgesten der beiden Gruppen sich steigern, was das Tempo betrifft. Die Spot-Scheinwerfer (rot und blau) wandern der Choreographie entsprechend zwischen der „roten" Tybalt-/Julia-Gruppe und der „blauen" Mercutio-/Romeo-Gruppe hin und her.

---

[37] Siehe Anhang 3, S.145. Siehe auch E: Choreographien 12. Szene, S. 105

63
(WPK 10,AG 6-10,WPK 7,2) **Bühne:** Spielfläche sind Haupt- und Vorbühne, Schattenspielleinwand geöffnet (durch Pierrot). Hauptbühne: alle Podeste im Hintergrund, schwarzer Hintergrundvorhang halb geöffnet, Graffitti „I love Rosalind (durchgestrichen), ersetzt durch „Julia".

Musik 2: Prokofiev, Romeo und Julia,[38] Tanz der Ritter, Finale, Das Treffen von Tybalt und Mercutio (Zusammenschnitt verschiedener Motive) und viele Stimmen: „Down with the Capulets! Down with the Montagues!"

Tanz der beiden Gruppen, zunehmend aggressiver.
Pierrot sitzt entsetzt am Bühnenrand.

---

[38] Siehe Anhang 3, S.136. Siehe auch E Choreographie 12. Szene, S. 106-111

(WPK 10, AG 6-10, WPK 7,2) **Bühne:** wie oben

Musik 3 :Lil Jon, Let`s go (Hiphop)

Kampf Mercutio gegen Tybalt. Die jeweiligen AnhängerInnen feuern den Kampf an, bzw. reagieren auf Siege und Niederlagen. Beide ziehen ein Messer. Romeo stürmt auf die Bühne, versucht zu beschwichtigen, gerät dabei ins Kampfgeschehen, trägt durch sein Eingreifen dazu bei, dass Mercutio von Tybalt tödlich getroffen wird.

Romeo versucht Beschwichtigungen

(Die Choreographie des Zweikampfes entwickelten die zwei Mercutio- und Tybalt-Tänzer aus dem WPK 10 allein, eine rasante Folge von Kampfhandlungen mit „Über-die-Schulter-Würfen" etc., die mir den Atem stocken ließen, die sie aber so souverän (und gleichzeitig emotional) einübten und präsentierten, dass ich voll darauf vertrauen konnte, dass sie alles im Griff hatten. (Dennoch saß ich bei dieser Szene immer versteckt am Bühnenrand und bibberte. Und wusste doch, dass ich nicht eingreifen konnte.) Ich habe lernen müssen – nicht nur bei dieser Szene – dass SchülerInnen über ein Potential an Bewegungsmöglichkeiten verfügen, das wir (PädagogInnen) nicht haben, bzw. das wir uns nicht zutrauen, schon gar nicht, wenn wir an die strukturellen Grenzen denken (Unfallmöglichkeit, Aufsichtspflicht). Was es für SchülerInnen bedeutet, in dieser oder anderen Szenen eigenverantwortlich zu sein, wurde mir wieder einmal am Beispiel „Mercutio" bewusst. Mein „Mercutio" war ein „sogenannter" schwieriger Schüler, Disziplinschwierigkeiten im Unterricht, auch bei mir im WPK 10 zunächst jemand, der Zeiten/Proben nicht einhielt, sich wenig einbrachte, vieles störte. Aber nach der Duo-Arbeit 12. Szene, in der er mein Vertrauen spürte, er die Zustimmung seines WPK-Kurses erfuhr und er (vielleicht zum ersten Mal) erlebte, welches enormes Bewegungspotential er hatte, änderte sich sein Verhalten total: Er hielt alle zusätzlichen Probetermine ein, brachte sich kreativ in Impros ein, stand voll in jeder Hinsicht hinter dem Projekt.)

Zweikampf Tybalt/Mercutio

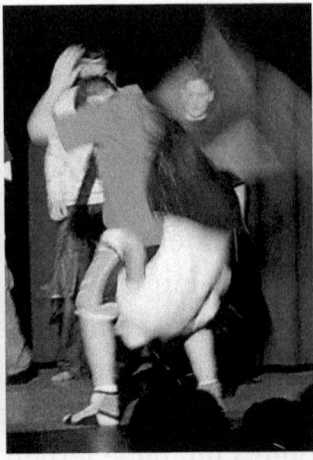

(WPK 10, AG 6-10, WPK 7,2) **Bühne:** wie oben

Musik 4: Prokofiev, Romeo und Julia,[39] Das Treffen von Tybalt und Mercutio (2.+3.Thema, Ausschnitt), Finale (Schluss-Crescendo) und Shakespeare- Dialog (3. Aufzug, 1. Auftritt)

Mercutio ist tödlich verletzt, taumelnder Tanz. Pierrot, Romeo und Benvolio fangen ihn abwechselnd auf, helfen ihm hoch.

Text:
Mercutio: Ich bin verletzt. Die Pest auf beide Namen -
    Die Pest auf eure Familien!
    Warum, verflucht, kamst du zwischen uns?
    Unter deinem Arm hat er durchgestochen!
    Die Pest auf eure zwei Familien!
    Sie haben Wurmfraß aus mir gemacht!

Mercutio stirbt.

(WPK 10, AG 6-10, WPK 7,2) **Bühne:** wie oben

Musik 5: Prokofiev, Romeo und Julia,[40] Ausschnitte aus „Tanz der Ritter", „Finale" und „Die junge Julia", außerdem Preisner, Die zwei Gesichter der Veronika/ Hauptmotiv[41] und Shakespeare-Dialog(3.Aufzug,1.Auftritt) (Zusammenschnitt)

Romeo ist erschüttert, verwirrt, dann packt ihn ein verzweifelter Zorn, er reißt Mercutios Messer an sich und stürzt auf Tybalt zu, Benvolio und Pierrot versuchen ihn festzuhalten, aber er reißt sich los und ersticht Tybalt. Tumult und

---

[39] Siehe Anhang 3, S.136. Siehe auch E: Choreographien 12. Szene, S. 106-111
[40] Siehe Anhang 3, S.136. Siehe auch E: Choreographien 12. Szene, S. 110/111
[41] Siehe Anhang 3, S.136

Polizeisirenen, alle bis auf Romeo, Benvolio und Pierrot fliehen. Romeo erstarrt, er begreift nur langsam, was geschehen ist.
Benvolio reißt ihn mit sich fort.

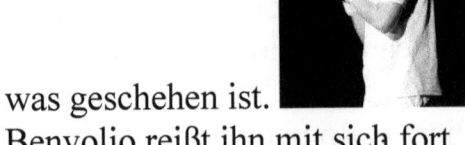

Text:
Benvolio: Weg, Romeo! Tybalt ist erschlagen! Weg! Schnell weg!
 Was bleibst du noch?
Benvolio und Romeo ab. Sirdan und Julia stürzen herein, Sirdan wirft sich über Mercutios Körper, Julia über Tybalts. Pierrot setzt sich traurig zwischen beiden auf den Bühnenrand. *Freeze. Blackout.*

13. Szene: Hass (AG 6-10, WPK 10, Chor)

Bühne: Die Schattenspielleinwand ist geschlossen, Spielfläche ist die Vorbühne (Umbau der Hauptbühne für die 14. Szene).

(AG 6-10) **Musik 1:** Mussorgski, Bilder einer Ausstellung[42], Bydlo

Projektionen: Hass-Bilder, Krieg, Zerstörung…
Tanz: Vor diesen Projektionen zieht ein endloser Zug von `Opfern` vorbei, Einzelne taumelnd, erschöpft, kriechend und Zweier-Dreiergruppierungen, die jemanden tragen, schieben, hinter sich herziehen.

WPK 10 und Chor[43] **Musik 2:** Chor: Es waren zwei Königskinder (trad.) und Schrei „Juliet!" aus „Romeo und Julia", Film 2001[44] (Mantua)

Projektion 1: Wald
Tanz: Der Chor (weiß gekleidet) steht verteilt auf der Vorbühne (dank Projektion wie „Bäume"), alle Julias/heute (WPK 10) hasten durch den Wald, auf der Suche, murmeln leise und lauter „Romeo!", Steigerung.

Projektion 2: Hass-Bilder der zwei Familien und FreundInnen
Tanz: Der Chor summt, singt, alle Julias tanzen nacheinander/gemeinsam mit jeweils einem Satz, der Julias Fragen, Zwiespalt, Auswegslosigkeiten zeigt. Am Schluss steht Romeos Schrei.

---

[42] Siehe Anhang 3, S.145
[43] Siehe E: Unterrichtsvorbereitung 13. Szene, S 112/113, siehe Choreographie S.114/115
[44] Siehe Anhang 4, S.146, DVD 2001

69

Julias und Chor.13. Szene (die „Wald-Projektion" ist leider nicht zu sehen)

Julias, 13. Szene

14. Szene: Flucht (WPK 8 und WPK 10)

Bühne: Spielfläche ist zunächst die Vorbühne, Schattenspielleinwand geschlossen.

(WPK 8) **Musik 1:** Strawinsky, Le sacre du printemps [45](Ausschnitte)
Viele Romeos/heute tanzen einen Flucht-Tanz (a) reale Flucht vor Verfolgern (b) Flucht vor Hass, Zwängen der Familie. Beide Fluchten enden vor einer Mauer (Projektion).

(WPK 10) **Musik 2:** Pink Floyd, Shine on you Crazy Diamond[46] (Ausschnitte) und Shakespeare-Dialog (3.Aufzug,3.Auftritt)
Projektionen: Rausch
Viele Romeos/heute tanzen einen weiteren Flucht-Tanz: Flucht in Drogen, Selbstmordgedanken. Pierrot versucht, die Drogentänzer an ihrem Vorhaben zu hindern, erfolglos. Romeo taumelt hinter die Schattenspielleinwand, alle ab.

Flucht in Drogen

Text:
Romeo: Der Welt verwiesen – das heißt Tod
    Fegefeuer, Schmerz, die Hölle selbst
    Der Himmel ist, wo Julia lebt
    Hast du kein Gift, nicht einen scharfen Dolch
    Nicht einen kleinen anderen Tod?

---
[45] Siehe Anhang 3, S.145
[46] Siehe Anhang 3, S.145. Siehe auch E: Hinführung zur 14. Szene , S.116/117und Choreographie 14. Szene, S. 118-120

(WPK 10) **Bühne:** Schattenspielleinwand geöffnet (durch Pierrot), auf der Hauptbühne ist eine „Waldhütte" aufgebaut (aus zwei Stellwänden und darüber gezogenem olivem Fallschirm). Vorne rechts ein „Baum", an dem ein Mofa lehnt. Hinterer Bühnenvorhang geschlossen, davor die Podeste.

Musik 3: Preisner, Die zwei Gesichter der Veronika[47], Aubry, Prima Donna[48], Aubry, Tanz der Ritter-Thema aus „Pauvre Juliette"[49] und Shakespeare-Dialog (3.Aufzug,3.Auftritt (Zusammenschnitt)[50]

Romeo/heute liegt vor der „Waldhütte", benommen, völlig am Ende. Oma findet ihn (Pierrot folgt Oma), diese versucht Romeo aufzurichten.

Text:
Amme: Steh auf! Steh auf! Auf, los, sei doch ein Mann!
  Für Julia! Na los, für sie!
  Steh auf! Was soll denn dieses abgrundtiefe Ooooh?

Oma zeigt Romeo das Versteck, die Waldhütte.
Julia/heute erscheint, stürmische Begrüßung. Oma versucht, die beiden zu trennen, aber beide gehen in die Waldhütte. *Blackout.*

Oma und Romeo

---
[47] Siehe Anhang 3, S.136
[48] Siehe Anhang 3, S.144
[49] Siehe Anhang 3, S.137
[50] Siehe E Choreographien 14. Szene, S. 126

15. Szene: Liebesnacht (WPK 10, WPK 8)[51]

Bühne: wie 14. Szene, Spielflächen sind Haupt- und Vorbühne.

(WPK 10) **Musik 1:** Preisner, Die zwei Gesichter der Veronika[52] (Hauptmotiv)

Romeo/heute und Julia/heute liegen eng umschlungen in der Waldhütte. Julia wacht auf, weckt Romeo, zieht ihn heraus aus der Hütte.

(WPK 10) **Musik 2:** Live von den Romeo- und Julia-Darstellern gesungen: Endless Love[53] (mit Klavierbegleitung)

(Die einzige gesungene und getanzte Episode dieser Aufführung. Meine „Julia" zweifelte lange, ob sie das schaffen würde, traute sich aber, mit viel Zuspruch von mir und ihrem „Romeo", und es wurde eine der intensivsten Szenen.) (Aber natürlich kann man auch Aufnahmen von professionellen SängerInnen nutzen.)

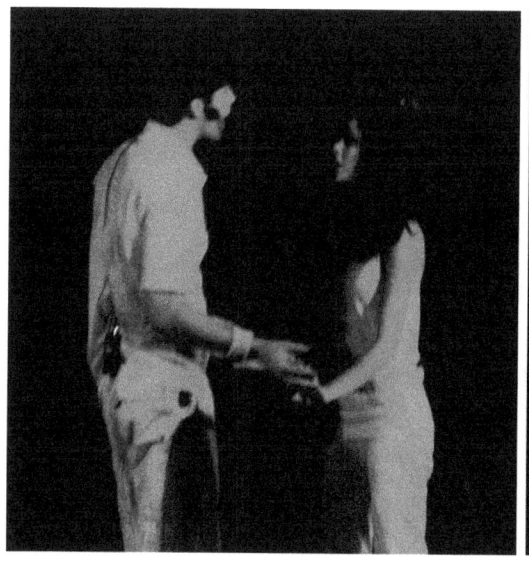

Endless Love

---
[51] Siehe E Choreographie 15. Szene, S. 121-124
[52] Siehe Anhang 3, S.136
[53] Siehe Anhang 3, S.139

(WPK 10 und WPK 8) **Musik 3:** Loussier, Furies[54] und Shakespeare-Dialog
(3.Aufzug, 5.Auftritt) und Crash-Geräusch

Tanz vieler <u>Romeos</u> und <u>Julias</u> zu Musik und Text. Abschiedsszenen-Duos.
(WPK 8), <u>Pierrot</u> am Bühnenrand.
Gleichzeitig Verfolger im Zuschauerraum und auf der Bühne mit Taschenlampen
(WPK 10)[55].

<u>Text:</u>
Julia: Willst du schon gehen? Noch wird es doch nicht Tag.
Es war die Nachtigall und nicht die Lerche !
Sie war`s , die rief in dein erschrocknes Ohr!
Nachts singt sie dort im Apfelbaum.
Glaub mir, mein Herz, es war die Nachtigall.

Romeo: Die Lerche war`s. der Morgenpostillion!
Still schweigt die Nachtigall.
Ein Licht zerreißt im Osten dort das dunkle Wolkenpaar!
Ja, gehen heißt Leben! Bleiben – Sterben doch!

Julia: Das Licht dort ist kein Tageslicht, glaub mir –
Ein Meteor – die Sonne schickt ihn dir –
Drum bleib noch hier, noch musst du gar nicht geh`n.

Romeo: Soll`n sie mich fangen und mein Henker sein!
Wenn du so willst, ich tu dagegen nichts!
Das ist auch nicht der Lerchenruf –
Der dort gegen den Himmel klopfet hoch über uns –
Mir ist das Bleiben näher als das Gehen!
Komm, Tod – willkommen, Julia will es so!

Julia: Jetzt wird es Tag! Schnell, schnell, schnell hinweg!
Jetzt krächzt die Lerche mit so falschem Ton,
Als sie einer komponiert im Krieg!
Geh schnell! Denn immer schneller wird es hell!

Romeo und Julia (WPK 10) und alle TänzerInnen des WPK 8 werden eingekreist
von den Taschenlampenverfolgern (WPK 10). Es gelingt Romeo und Julia, aus dem
Kessel zu entfliehen, sie fliehen zum Mofa, starten es, Motorgeräusche, Knall.

---

[54] Siehe Anhang 3, S.145
[55] Siehe E: Choreographien 15. Szene, S.121-124

Romeo und Julia rasen in den Tod

Blackout . Alle ab.
<u>Pierrot</u> verzweifelt in der Bühnenmitte.
Schattenspielleinwand zu.

16. Szene: Epilog (alle Tanzgruppen und Chor)

Bühne: Schattenspielleinwand geschlossen. Spielfläche ist zunächst die Vorbühne (Umbau der Hauptbühne: Abbau „Waldhütte", 8 Podeste hinter der Schattenspielleinwand.)

Musik 1: Preisner, Die zwei Gesichter der Veronika[56] und Shakespeare-Dialog (5.Aufzug,3.Auftritt)

Alle Tanzgruppen kommen mit Trauergesten[57] auf die Vorbühne und vor die Bühne.
Romeo/heute und Julia/heute(WPK 10) werden über die Vorbühne getragen und hinter der Schattenspielleinwand aufgebahrt.
Die Gruppen (blau/Romeo und rot/Julia) vermischen sich, vereint in Trauer.

---

[56] Siehe Anhang 3, S.136
[57] Siehe E Unterrichtsvorbereitung, S. 125, siehe E Choreographie, S.126-129

Die trauernden Gruppen ziehen langsam vor der Bühne vorbei, ab.
<u>Pierrot</u> tanzt auf der Vorbühne zu Musik und Text, geht dann ab.

<u>Text:</u>
Prinz: Seht, welche Strafe steht auf eurem Hass!
       Der Himmel tötete das Liebste euch –
       Faul ist der Frieden, den der Morgen bringt-
       Die Sonne, ach, verweigert uns ihr Licht!
       Und immer wieder gibt es ein so herbes Los
       Wie das von Julia und ihres Romeos.

(WPK 10, Chor) **Musik 2:** Chor: Scarborough Fair[58] (im Zuschauerraum)
    Schattenspiel: <u>Romeo</u> und <u>Julia/historisch</u>: Aufwachen, erneute
        Begegnung und historischer Tanz (wie im Prolog).
        Beide tanzen vor die Schattenspielleinwand und durch den
        Zuschauerraum ab.[59]

---

[58] Siehe Anhang 3, S.145
[59] Siehe Anmerkungen zu E, S 129

– ENDE –

...und Schlussapplaus...

E Einige Unterrichtsstunden und Choreografien

1. *Hinführung zur 1. Szene (3 Doppelstunden)(WPK 10)*
Themen: Standbilder, Slow Motion, Erste Begegnung, Kampf, Willst-du-schon-gehen - Persiflage, Figur des Pierrot

1. <u>Warming-Up in der 1. Doppelstunde</u>
   (Alle weiteren Doppelstunden beginnen natürlich mit einem anderen Warming-Up)
   (*Musik 1: Brent Lewis, Dinner at the sugarbush*[60])
   a) Gehen in Variationen (vor, rück, seit, langsam, schnell, Raumausnutzung….)
   b) Eine/r beginnt dabei eine Armbewegung, die anderen nehmen sie auf, bis jemand eine neue Bewegung macht, die wieder von der Gruppe aufgenommen wird usw. (Sich trauen, aufeinander eingehen).
   c) Auf engem Raum gehen, Raum immer weiter verkleinern mit Hilfe von Stühlen (Körperkontakt).
   d) Die Decke wird niedriger, bis zu einem Meter über dem Boden (Bewegungen am Boden)
   e) Begegnungen: 1. Bei Begegnungen abwenden, auch mit Laut, 2. Bei Begegnungen umeinander herumgehen mit verschiedenen Kontakten: Augenkontakt, Schulter-, Rücken-, Fuß-, Handkontakt.
   f) Blickwinkelspiel: 1. Jemanden auswählen, den man beim Gehen im Blickwinkel behält. 2. Jemanden zusätzlich auswählen, den man nicht im Blickwinkel haben will. 3. Aufgaben 1+2 beibehalten und einen Standplatz im Raum suchen, bei dem beide Aufgaben erfüllt sind.

2. <u>Hinführung zum Romeo-und-Julia-Stoff</u>
   (*Musik 2: Filmmusik Romeo und Julia, Local Hero*[61])
   a) Stops in Movement: bei Musikstopps Freeze
   b) Wie a), aber beim Freeze Emotionen darstellen (Wut, Trauer, Drohung, Stolz, Angst, Freude …)
   (*Musik 3: Preisner, Die zwei Gesichter der Veronika /Hauptmotiv*[62] *und Mouse on Mars, Pinwheel Herman*[63])
   c) Wie a), aber beim Freeze zu Partnern/Gruppen zusammenfinden und schnell ein vorgegebenes Standbild aufbauen:
      - zu zweit: Erste Begegnung Romeo und Julia
      - zu viert: Romeo und Freunde albern
      - zu fünft: Julias Familie (Familienfoto)
         – zu viert: Romeo und Freunde: Wir sind die Coolsten!

---

[60] Siehe Anhang 3, S.143
[61] Siehe Anhang 3. S.144
[62] Siehe Anhang 3, S.136
[63] Siehe Anhang 3, S.140

- zu fünft: Tybalts Freunde: Kommt her, wenn ihr was wollt!
- zu zweit: Romeo und Julia: Liebeserklärung
- zu fünft: Julias Eltern zwingen Julia zur Heirat, ihre Ablehnung
- zu siebt: Kampf Mercutio und Tybalt und Zuschauer
- zu zweit: Romeo und Julia nach der Liebesnacht: Willst du schon gehen?
- zu sechst: Romeo auf der Flucht und Verfolger
- alle: Romeo und Julia in der Grabkammer und Trauernde

3. <u>Einführung der Pierrot-Figur (mit Masken)</u>
   (Musik 4: Aubry, Prima Donna[64])
   a) Gänge ausprobieren mit Neutralmasken (in verschiedenen Stimmungslagen)
   b) Bei Begegnungen verschiedene Begrüßungen, verschiedene Haltungen zu dem jeweiligen Gegenüber ausprobieren (arrogant, schüchtern, drohend, freudig …)
   (Musik 5: Preisner, die zwei Gesichter der Veronika/Hauptmotiv[65])
   c) Sich einzeln auf der „Bühne" tänzerisch vorstellen
   d) Einzeln auf der „Bühne" ausprobieren, was man tänzerisch alles mit einem Buch machen kann
   (Musik 6: Shakespeares Prolog-Text, unterlegt mit Preisner s.o)
   e) Je drei Pierrots tanzen den Prolog-Text gemeinsam auf der „Bühne" (improvisiert)
   f) Besprechung: aus den gezeigten Impros diejenigen Bewegungen, Schritte, Haltungen sammeln, die am besten gefielen, sie wiederholen
   (Grundlage für die Choreographie 1.Szene, Musik 1)[66]

4. <u>Hinführung zum Schattenstandbild und Tanz der 1. Szene</u>
   (Musik 7: Grieg, Peer Gynt-Suiten, Solveigs Lied[67])
   a) Slow-Motion-Übungen
   - Spiegelübung LehrerIn – Gruppe (Bewegungen auf verschiedenen Ebenen)
   - Spiegelübung Partner, mit Wechseln der Führungsrolle
   (Musik 8: Aubry, Lungomare[68])
   - Partnerübung: Führen und Folgen mit Fingerspitzenkontakt, auf verschiedenen Ebenen
   (Musik 9: Simon and Garfunkel, Scarborough Fair)[69]
   - Gruppenarbeit zu fünft: Aus dem Standbild „Julias Familie" erwachen, Slow-Motion-Tanz mit Fingerspitzenkontakt
   - Vorführung der Gruppenarbeiten, Besprechung: Welche Standbild-Konstellationen waren besonders eindrücklich, sie wiederholen, etwas verändern. Welche Bewegungsformen beim Fingerspitzen-Kontakt-Tanz waren spannend, schön, sie wiederholen, etwas verändern.

---

[64] Siehe Anhang 3, S.141
[65] Siehe Anhang 3, S.143
[66] Siehe D Szenen, S. 35
[67] Siehe Anhang 3, S.139
[68] Siehe Anhang 3, S.139
[69] Siehe Anhang 3, S.143

(Grundlage für die Choreographie 1.Szene, Musik 1 und 2, Julia und Familie)[70]

(Musik 10: Mouse on Mars, Albian Rose[71]*)*
- Partnerübung: Kontaktimprovisationsübung: Gewicht geben und nehmen (sich anlehnen, auf jemandem hängen, über jemanden rollen….)
- Partnerübung: Fingerspitzenkontakt, daraus Bewegungen mit Fall, Heben, Tragen entwickeln

(Musik 11: Simon and Garfunkel, Scarborough Fair)
- Gruppenarbeit zu fünft: Aus dem Standbild „Romeos Freunde" erwachen und mit Fingerspitzenkontakt, Fall, Heben, Tragen einen Slow Motion- Tanz entwickeln
- Vorführung der Gruppenarbeiten, Besprechung: s.o.

(Grundlage für die Choreographie 1.Szene, Musik 1 und 2, Romeo und Freunde)[72]

b) Vorbereitung der ersten Begegnung Romeos und Julias

(Musik 12: Gabrielle Roth, Persephone's Song[73]*)*
- Partnerübung: In der Bewegung umeinander herum nacheinander die Füße, den Bauch, die Nase des Partners fixieren, dann das rechte Knie, die linke Schulter, die Stirn, schließlich das rechte Ohr, das Kinn, die Augen, Augenkontakt halten

(Musik 13: Simon and Garfunkel, Scarborough Fair)
- Partnerarbeit: Erste Begegnung improvisieren (mit Augenkontakt, Fingerspitzenkontakt)
- Vorführung der Partnerarbeiten, Besprechung: s.o

(Grundlage für die Choreographie 1.Szene, Musik 2, Liebe auf den ersten Blick)[74]

c) Vorbereitung von Tybalts und Mercutios Kampf

(Musik 14: Gotan Project, Santa Maria[75]*)*
- Mörderspiel: Alle gehen in Slow Motion durch den Raum, ein (nicht bekannter) Mörder mordet durch Anstupsen des Opfers, der „Ermordete" fällt und wird beim Aufstehen zum Mörder. Wenn zwei Mörder sich anstupsen, fallen sie und werden beide wieder zu Opfern.
- Partnerübung: Slow Motion Kampf: sich „aufplustern", Schlag, Fall, hochkommen und Gegenschlag…
- Vorführung der Partnerübungen, Besprechung und Festhalten einiger besonders eindrucksvoller Slow-Motion-Kampfphasen

---

[70] Siehe D Szenen, S.35/36
[71] Siehe Anhang 3, S.141
[72] Siehe D Szenen, S.35/36
[73] Siehe Anhang 3, S.143
[74] Siehe D Szenen, S.36
[75] Siehe Anhang 3, S.139

(Musik 15: Simon and Garfunkel, Scarborough Fair)[76]
- Partnerübung: Die ausgewählten Kampfhandlungen üben, am Schluss den Degen ziehen
- Vorführung der Partnerarbeiten, Besprechung: s.o

(Grundlage für die Choreographie 1.Szene, Musik 2)[77]

d) **Einführung einiger Renaissance-Tanzformen**
(Musik 16: Playford, Heart`s Ease)[78]
Einfache Schrittformen und Tanzfiguren eines englischen Country Dances: Referenz, Double vor und rück, Handtour, Set and turn…
(Grundlage für die Choreographie 1.Szene, Musik 2)[79]

e) **Vorbereitung des Dialogs Julia – Sirdan**
- Echo-Sprechen im Kreis: Laute, Sätze, laut, leise, steigernd…
- Alle erhalten den „Willst-du-schon-gehen"-Text (Ausschnitt aus dem Julia/Sirdan-Dialog)[80]. Sie gehen herum, sprechen den Text laut, leise, lachend, traurig, wütend, fröhlich…
- Zwei Gruppen gegenüber (Julias und Sirdans): alle sprechen in der Gruppe den jeweiligen Dialogtext: laut, leise, albern …
- Partnerimpro auf der „Bühne": obiger Dialog (übertrieben, albern)

(Musik 17: Simon and Garfunkel, Scarborough Fair, s.o)
- Partnerarbeit: Erproben des Dialogs mit Musik und Tanz
- Vorführung der Partnerarbeiten, Besprechung: s.o

Grundlage für die Choreographie 1.Szene, Musik 2)[81]

---

[76] Siehe Anhang 3, S.143
[77] Siehe D Szenen, S. 35
[78] Siehe Anhang 3, S. 143. Siehe auch: Shakespeare, Romeo und Julia, 4. Aufzug, 4. Auftritt :
„*Musicians, O, musicians! Hearts ease! Hearts ease!*
O, an you will have me live, play Hearts ease!"
[79] Siehe D Szenen, S. 36
[80] Siehe D Szenen, Musik 2, S.36
[81] Siehe D Szenen, Musik 2, S 36

2. Choreographie 1. Szene (WPK 10)

Musik 1: Shakespeare-Prolog, unterlegt mit Preisner, Die zwei Gesichter der Veronika/Hauptmotiv[82]

- <u>Schattenstandbilder</u> von Julia und Familie (links) und Romeo und Freunden (rechts), beide Gruppen in den typischen (vorher erarbeiteten) Haltungen: Julias Gruppe: Julia und Amme (ganz links), einander zugewandt. Die Amme hält Julias Gesicht in ihren Händen, daneben Lady Capulet und Capulet, steif, frontal zur Leinwand (Capulet mit der Hand am Degen, Lady Capulet mit beiden Händen ihren Rock haltend) und rechts neben Capulet steht Tybalt, von den Eltern abgewandt (mit dem Rücken zur Leinwand), er prostet mit einem Becher jemandem zu.
Romeos Gruppe: ganz rechts Romeo, im Profil, etwas gebeugt, das Kinn auf eine Hand gestützt, Mercutio hängt mit seinem Rücken auf Romeos Rücken, ein Bein angehoben, mit Benvolio albernd, der vor dem Tritt zurückweicht und von Freund 3 mit den Händen gestützt wird. Freund 4 steht frontal zur Leinwand und hat seinen linken Arm lässig über Benvolios rechte Schulter gehängt.

- <u>Pierrots</u> Shakespeare-Buch erscheint links vor der Schattenspielleinwand, dann Pierrots Kopf darüber, schließlich springt Pierrot nach vorn, stellt sich mit Drehungen und Verbeugungen dem Publikum vor.
Beim Prolog-Text demonstriert Pierrot tänzerisch und gestisch den Inhalt des Textes, setzt dabei auch das Buch ein, bewegt sich über die gesamte Vorbühne und setzt sich bei den letzten drei Zeilen auf den Bühnenrand.

Musik 2: Scarborough Fair (trad.), vom Chor gesungen[83]

a) <u>1. Strophe,</u> 1.+ 2.Vers: Die beiden Schattenspielgruppen lösen in Slow Motion ihre Haltung auf, gehen in neue Ausgangspositionen für ihren Tanz vor die Schattenspielleinwand.

3.+ 4.Vers: Julias Gruppe tanzt mit Fingerspitzenkontakt links hinter der Leinwand vor. (Julia und Amme, Lady Capulet und Capulet, Tybalt hängt sich an Capulets Rücken an.) Jedes Paar tanzt dabei seine vorher erarbeiteten Drehungen, Schritte.[84]
Romeos Gruppe tanzt rechts hinter der Leinwand vor, und zwar mit den vorher erarbeiteten Folgen von Fingerspitzenkontakt, Fallen, Heben, Tragen.[85]

---

[82] Siehe Anhang 3, S.136
[83] Siehe auch: Simon and Garfunkel, Anhang 3, S.143
[84] Siehe Hinführung S.79/ 80
[85] Siehe Hinführung S. 79/80

		Beide Gruppen verneigen sich voreinander (Referenz), nehmen Tanzaufstellung ein, Romeo und Julia (beide im Vordergrund) haben sofort Augenkontakt, bewegen sich aufeinander zu, umeinander herum ...[86]
b) 2. Strophe,	1. Vers:	(Amme tanzt mit Mercutio, Lady Capulet mit Benvolio, Capulet, Tybalt schauen links zu, Romeos Freund 3 und 4 rechts, Schritte immitierend.): Double rechts vor (re vor, li ran, re Stelle), Double links zurück (rechten Hände gereicht), Handtour rechts (ganze Drehung umeinander herum). (Also: vor,2,3 – rück,2,3 – und umeinander-herum(2 Zeiten)). Romeo und Julia: weiterhin Augenkontakt- Tanz.
	2. Vers:	Wiederholung, aber Handtour links. Romeo und Julia tanzen mit, nehmen die Masken ab.
	3. Vers:	Set rechts (Seitsprung re, li ran, re Stelle), Set links, ganze Drehung um die rechte Schulter. (Also: re,2,3 – li,2,3, - Drehung -um- rechts (2 Zeiten)). Romeo und Julia tanzen mit, aber nach der Drehung ein Handkuss.
	4. Vers:	Handtour rechts und Referenz Romeo und Julia: Händespiel und Kuss
c) 3. Strophe,	1. Vers:	Tybalt reißt Julia zurück, Freunde Romeos 3 und 4 reißen Romeo zurück, Tumult. Alle zurück auf ihre Seite.
	2. Vers:	Zwei Parteien gegenüber, *Freeze*, Amme hält Julia fest, Capulet Tybalt, Mercutio, Benvolio und Freunde 3 und 4 halten Romeo fest.
d)	3. Vers:	Tybalt und Mercutio aufeinander zu, Kampf[87]
e)	4. Vers:	Weiter: Kampf Tybalt und Mercutio, Pierrot geht mit seinem Buch dazwischen.

Dialog Julia/Sirdan (Scarborough Fair weiter)

4. und 5. Strophe: Dialog Julia/Sirdan (u.a. „Willst du schon gehen-Persiflage[88]) bis „ Klapp das Buch zu". *Musikstopp*.

---

[86] Siehe Hinführung S. 79
[87] Siehe Hinführung S. 79
[88] Siehe S. 81, S. 36

Romeo und Julia beim ersten Tanz

3. Einige Choreographien 2. Szene

(WPK 10)Musik: Prokofiev, Tanz der Ritter/Ausschnitt 1[89]

Julia und Sirdan sitzen vorne links auf der Bühnenkante und schauen sich Sirdans Fotos an.

Thema 1
Takt 1+2: Tybalt schlendert „cool" von links mit einem Ball auf die Bühne, lässt den Ball 2x auftrumpfen.
Takt 3+4: Er bleibt stehen, Blick über die Zuschauer von links nach rechts.
Takt 5+6: Er geht weiter, lässt den Ball 2x auftrumpfen.
Takt 7+8: Blick über die Zuschauer, lässt den Ball 1x hoch auftrumpfen.
Whlg.Thema 1
Takt 1+2: Er läuft, dribbelt den Ball, Freund 1 springt von links auf die Bühne („Hepp!"),Freundinnen Tybalts 2+3 ziehen tuschelnd von links die Leinwand auf, plaudernd nach hinten zu den Podesten.
Takt 3+4: Tybalt wirft den Ball zu Freund 1, dieser fängt, dribbelt,Tybalt zu ihm, Freundin Tybalts 1 schlendert von links zu den anderen Mädchen, Begrüßung.
Takt 5+6: Tybalt und Freund 1 rangeln um den Ball, Geschubse. Freundin Tybalts 1 zeigt den anderen ihre Einkäufe.
Takt 7+8: Freund 1 gewinnt den Ball, Tybalt fällt neben Julia und Sirdan auf den Boden, Freund 1 dribbelt nach hinten, knallt den Ball gegen die Wand.

(WPK 10) Dialog Tybalt, Julia, Sirdan (Musik, s.o., Thema 2)[90]
(Musik wird ausgeblendet, wenn Romeo die Bühne betritt.)

Während des Dialogs:
a) Mercutio und Benvolio stürmen von rechts und links auf die Bühne, Begrüßung. Mercutio schnappt sich den Ball, wirft ihn Benvolio zu, Tybalts Freund 1 versucht, den Ball zu kriegen, doch Benvolio und Mercutio werfen ihn hin und her.
b) Romeos Freundinnen 1+2, schlendern von rechts herein, tuscheln über Tybalts FreundInnen, gehen zu den Podesten und blättern in Zeitschriften.
c) Romeos Freundin 3+Rosalind kommen von rechts und links, Begrüßungen.
d) Tybalts Freund 2 stürmt von links herein, schnappt sich den Ball, springt auf die Podeste, hält den Ball hoch, die anderen versuchen ihn zu kriegen.
e) Romeo kommt von rechts *(Musik wird ausgeblendet)*, Mercutio und Benvolio zu ihm, Begrüßung.

---

[89] Siehe Anhang 3, S. 136. Siehe auch D Szenen, S. 38
[90] Siehe D Szenen, S. 38

(WPK 10)**Musik: Prokofiev, Tanz der Ritter und Die junge Julia[91]/Ausschnitte und Revolverhelden, Arme hoch[92]/Ausschnitt**

Tanz der Ritter: Romeos + Tybalts Jungengruppen
a) Romeos Gruppe
Vorspiel (2 Takte):
Romeo, Mercutio, Benvolio gehen in ihre Aufstellung (Reihe vorn auf der Bühne), Tybalt und Freund 1+2 schlendern machohaft zu den Podesten, Romeos Freundinnen feuern die Romeo-Gruppe an.

Thema 1

Takt 1+2:
- 1   mit links einen Schritt vor ↑
- 2   auf links hoher Sprung, dabei die Arme mit geballten Fäusten von oben nach unten ziehen, bei 2+ auf rechts landen, dabei re Fuß über li Fuß setzen ←
- 3,4   links seit in der gebeugten Grätsche, Fäuste in den Hüften eingestützt, bei 3+ rechts über links ←
- 5,6   wie 3+4 ←
- 7,8   ganze Drehung über links

Takt 3+4:
- 1,2   gebeugte Grätsche, re Faust vor der Brust
- 3,4   ganze Drehung über rechts, dabei stößt die linke Hand den rechten Arm nach vorn, beide Arme ausgestreckt mit geballten Fäusten
- 5   rechts seit (Arme wie 4) →
- 6   links über rechts →
- 7   rechts seit in gebeugter Grätsche, Hände geballt vor der Brust
- 8   Arme nach oben mit geballten Fäusten

Takt 5+6:
- 1,2   kleiner Schritt diagonal nach hinten, halb ausgestreckte Arme nach vorn („Cool-Bewegung") ↓
- 3,4   wie 1,2 ↓
- 5,6   wie 1,2 ↓
- 7,8   wie 1,2 ↓

Takt 7+8
- 1,2   Sprung vorwärts ↑
- 3,4   ganze Drehung über links (li,re,li)
- 5,6   ins Plié gehen und Sprung nach links, Arme mit geballten Fäusten hoch und seit ←
- 7,8   Romeos Gruppe ab auf die Podeste, Tybalts Gruppe zur Aufstellung, dabei Gerangel, Romeo begibt sich zu Rosalind

b) Whlg. Thema 1: Tybalts Jungengruppe tanzt
Tybalts Gruppe tanzt dieselbe Choreographie wie Romeos Gruppe vorher, angefeuert von Tybalts Freundinnen, angepöbelt von Romeos Gruppe

---

[91] Siehe Anhang 3, S. 136. Siehe auch D Szenen, S. 38
[92] Siehe Anhang 3, S.144

Tanz der Ritter: Rosalind+Romeo
Thema 4 (sehr langsam)
Rosalind bewegt sich verführerisch nach vorn, die Jungen weichen zurück, Romeo folgt Rosalind, Anmache und Ablehnung. Mercutio und Benvolio holen Romeo zurück, alle Mädchen gehen nach vorn in eine Reihenaufstellung, alle Jungen auf die Podeste, machen von dort aus die Mädchen an

Die junge Julia: Alle Mädchen
Thema 1
Takt 1+2: 1,2,3 rechte Hand wischt über das Haar, von links vorn nach rechts hinten
           4 - 8 auf 4+ kleiner Hüpfer nach rechts →
Takt 3+4:   wie Takt 1+2, aber nach links ←
Takt 5+6: 1,2,3 ganze Drehung um links, Hände in den Hüften
           4   Pause
           5 – 8 Beckenkreisen, Hände in den Hüften
Takt 7+8: 1   rechts seit→
           2   links ran
           3   rechts seit →
           4   links ran (Hände/Arme mit Wellenbewegungen)

Tanz der Ritter: weiter: alle Mädchen
Thema 4 (langsames Thema)
Takt 1: 1- 6 Kreise bilden zu dritt bis sechst („blaue" und „rote" Kreise)
Takt 2: 1- 6 Hände gefasst, ins Kreisinnere vor mit angehobenen Armen
Takt 3: 1- 6 wieder zurück, Arme senken
Takt 4: 1- 6 wirbelnde Einzeldrehungen um links

Revolverhelden, Arme hoch: Romeos und Tybalts Jungengruppe
Refrain
Am Schluss des Tanzes der Mädchen: Romeos und Tybalts Gruppe springen von den Podesten, drängeln sich nach vorn, allgemeines Gedrängel nach vorn mit Hochspringen, jemandem auf den Rücken springen, jeder will weiter vorn und größer sein. Mädchen feuern jeweils ihre Gruppe an.

Tanz der Ritter: Alle
Thema 1: Romeos und Tybalts Jungengruppe
Alle Jungen drängen sich beim Vorspiel nach vorn, Mädchen zurück zu den Podesten, Jungen tanzen die oben beschriebene Thema 1-Choreo, wobei jede Gruppe die andere übertrumpfen will.
Bei Takt 7 springen die Mädchen von den Podesten, mischen sich unter die Jungen, Takt 8 Aufstellung in neuer Formation: großer Pulk
Whlg. Thema 1: Romeos und Tybalts Jungen- und Mädchengruppe

Alle tanzen die Thema 1-Choreo

(alle 5 Tanzgruppen[93]) **Musik: Prokofiev, Tanz der Ritter und Die junge Julia/Zusammenschnitt**[94]

Tanz der Ritter

Vorspiel (2 Takte): **Alle ca 40 Jungen** kommen von rechts und links der Bühne und durch die verschiedenen Gänge des Zuschauerraums auf die Bühne.

Thema 1 (8 Takte): Jungen begrüßen sich in ganz verschiedenen Formen, auch Formen der schon erarbeiteten Thema 1-Choreo: („Cool"-Formen, Sprünge etc.), und eigenen Hip-Hop-Formen. („Blau" begrüßt „Blau", „Rot" begrüßt „Rot). Am Schluss auf die Podeste im Hintergrund der Bühne, die hereinströmenden Mädchen beobachtend, taxierend und kommentierend („Blau" steht bei „Blau", „Rot" bei „Rot").

Thema 1(Whlg.): **Alle ca 65 Mädchen** stürmen auf die die Bühne, auch von allen Seiten und aus dem Zuschauerraum, Begrüßungsformen (kokett, kichernd, selbstbewusst..). Auch hier: es werden nur Mitglieder der eigenen Gruppe begrüßt. Schluss: auf die Podeste (in Gruppen, die Jungen kritisch begutachten, anfeuern etc.

Zwischenthema
Bläser(16 Takte): Jungen bauen „Pyramiden" und weitere „Skulpturen", im großen Pulk (Thema Macho) oder sie produzieren sich mit Hipop – Salti oder anderen Hiphop-Figuren einzeln auf der Vorbühne.

Thema 1: **Alle Jungen** tanzen die Thema 1-Choreographie (Seite 86) (Aufstellung: im Pulk).Schluss: zurück auf die Podeste, Mädchen springen herunter.

Thema 4: **Alle Mädchen** gehen – sich produzierend – nach vorn, **Romeo** folgt **Rosalind**, wird aber von ihr abgewiesen und von **Benvolio** und **Mercutio** zurückgeholt.

Die junge Julia
Thema 1: Mädchen tanzen die oben beschriebene Choreographie (Seite 87)

Tanz der Ritter
Thema 4: Mädchen tanzen die oben beschriebene Choreographie (Seite 87).Schluss: auf die Podeste, Jungen stürmen nach vorn.

Thema 1: **Alle Jungen** tanzen die Thema 1- Choreographie (Seite 86)

Whlg. Thema 1: **Alle Mädchen** mischen sich unter „ihre" Jungengruppe

---
[93] Siehe D Szenen, S.39/40
[94] Siehe Anhang 3, S.136

und tanzen mit den Jungen die Thema 1-Choreographie (Seite 86)

4. *Hinführung zur 8. Szene[95]/WPK 10* (2 Doppelstunden)

Obwohl die 8. Szene nur Romeo, Julia und Pierrot betraf, tanzten alle in den Übungsstunden diese Szene und wurden durch diverse Übungen dort hingeführt. Die endgültige Choreographie für Romeo und Julia entwickelten die zwei Romeo- und Julia- TänzerInnen dann aufgrund der Vorübungen allein und mit Hilfe der Lehrerin in Sonderstunden. Für die Gruppe waren die Übungen auch eine gute Vorbereitung für die 10. Szene (Schwarzlicht/Balkonszene). Nach allen bisher gelaufenen Übungsstunden für die Szenen 1 und 2, die der WPK 10 übernommen hatte, (Themen: das historische Drama, die heutigen Konstellationen: kurdische und deutsche Realität) galt es nun, "Erste Liebe/Zärtlichkeiten" zu thematisieren.

1. Warming-Up
   - *(Musik1:Deuter, From here to here[96])*
     Schlangenmassage: Alle stehen hintereinander in einer Reihe und massieren den Rücken des vor ihnen stehenden Partners nach Ansagen der Lehrerin, die/der Vorderste wechselt nach hinten nach Ansage.
     Themen der Massage: ein Sommertag/Gewitter oder einen Kuchen backen oder....
     Wichtig ist nur, eine Atmosphäre jenseits von Lächerlichkeit herzustellen, ein „Wohlfühlen".
   - *(Musik 2: Gotan Project, Vuelvo al Sur[97])*
     Atomspiele mit Ansagen: zu zweit, dritt.. zusammenfinden, dabei als Atom Berührungspunkte finden (und nach jeder Ansage weitergehen):
     Fingerspitzen re, li, beide
     re Hand Außenfläche, li Hand, beide Hände
     re Hand Innenfläche, li Hand, beide Hände
     Unterarm re, li, beide
     Schulter re, li
     Rücken
     Hüfte re, li
     Po
     Hinterkopf

2. Partnerübungen
   (Musik: Gotan Project, Vuelvo al Sur)
   a) Obige Berührungspunkte wandern lassen, von Fingerspitzen, Hand, Arm, Schulter, Rücken, Hüfte, Po, Hinterkopf, dabei Gewicht geben/ nehmen (Rückbesinnung auf Kontaktimprovisationsübungen zur 1. Szene).
   b) Vorführung von Partnerübungen (die Hälfte der Gruppe schaut zu).
   c) Festhalten und Ausprobieren von besonders gelungenen Kontaktimprovisationen

---

[95] Siehe D Szenen, S. 51
[96] Siehe Anhang 3, S.138
[97] Siehe Anhang 3, S.139

aller Partnerübungen.

3. Partnerübungen
   (Musik 3: Aubry, Lungomare[98])
   a) Hebeformen ausprobieren (über Hüfte, Rücken. Oberschenkel…)
   b) Hebeformen vorführen (die Hälfte der Gruppe schaut zu)
   c) Festhalten und Ausprobieren von besonders gelungenen Hebeformen aller Partnerübungen

4. Partnerübungen
   (Musik 4: Romeo und Julia, Filmmusik Nr.9, Kissing you(instr.)[99]
   a) Kontaktimprovisationsübung 2 und 3 verbinden
   b) Vorführen der Partnerarbeiten (Hälfte schaut zu)
   c) Festhalten: Was war besonders anrührend, auch die Umsetzung der Musik betreffend?

5. Kurze Einführung, wie man ein Musikstück (hier: Kissing you) aufschreiben und dann die Choreographie dazu zu Papier kann,[100] Übungen zum Taktzählen, der Dynamik, zum Bewegungsvokabular.

6. Gruppenarbeiten (zu zweit bis sechst)
   (Musik: Kissing you, s.o.)
   a) Skulpturen finden zum Thema "Erste Liebe"
   b) Skulpturen verändern auf allen drei Ebenen: Boden, mittlere Höhe, Stand
   c) In Slow-Motion die Skulpturen auflösen und zu Kontaktimprovisationsübungen wie in 2 und 3 überleiten
   d) Vorführungen der Gruppenaufgabe (Hälfte schaut zu)
   e) Besprechung: Wie ging`s euch dabei?
   Was war schwierig/leicht/ ungewohnt/seltsam/ befremdlich für euch? Was war vom Gefühl her einfach nur gut/ oder schlecht? Keine Fragen zur Umsetzung, zum Choreographieren – zu diesem Zeitpunkt ging es nur um das Vertrauen in der Gruppe.

---

[98] Siehe Anhang 3, S.139
[99] Siehe Anhang 3, S.144
[100] Choreographische Handschriften sind sehr unterschiedlich, letztendlich muss jede/r seine eigene Handschrift entwickeln, mit der er/sie klar kommt. Dass dies auch ein fundamentales Problem ist, was die Konservierung von Tanz betrifft (außerhalb den Möglichkeit von filmischen Konservierungen) liegt auf der Hand. Für LehrerInnen, und SchülerInnen, die einigermaßen tanzfremd Tänze choreographieren wollen, gilt: Schreiben Sie es so auf, wie es für Sie verständlich ist! (Aber natürlich geht kein Weg am Taktezählen vorbei!).

5. Choreographie Ende 7. Szene[101], 8. Szene[102], Anfang 9. Szene[103] (WPK 10)

A Ende der 7. Szene (WPK 7,1+WPK 10

Musik 1: Halay (trad.)[104]

Halay-Kreistanz von WPK 7,1. Unbemerkt werden die Romeo- und Julia -TänzerInnen des WPK 7,1 ausgetauscht mit denen des WPK 10. Sie stehen sich im Kreis gegenüber, schauen sich unverwandt an.

Musik 2: In die Halay-Musik wird leise, dann immer lauter werdend das Hauptthema aus Preisner, Die zwei Gesichter der Veronika[105] eingeblendet.

1x Hauptthema: Romeo und Julia lösen sich beide aus dem Kreis, drehen sich verwirrt um sich selbst. (R=Romeo, J=Julia, P=Pierrot)

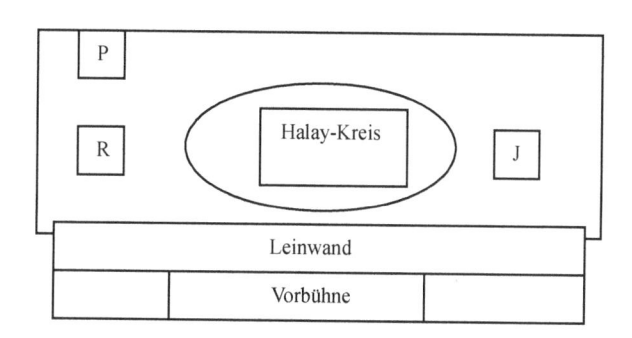

```
┌─────────────────────────────────────┐
│  P                                  │
│         ╭──────────╮                │
│   R     │Halay-Kreis│      J        │
│         ╰──────────╯                │
├─────────────────────────────────────┤
│            Leinwand                 │
├─────────────────────────────────────┤
│            Vorbühne                 │
└─────────────────────────────────────┘
```

1x Hauptthema+Shakespeare-Text: Romeo zieht Pierrot auf die Vorbühne, dabei den Text tanzend interpretierend, Julia dreht sich weiter auf die Vorbühne, Pierrot schließt die Schattenleinwand und setzt sich versonnen links auf die Vorbühne, Kinn aufgestützt.

B 8. Szene (WPK 10)(Als Schattenspiel läuft der Halay-Tanz WPK 7,1 weiter in Slow Motion)

Musik 1: Kissing you (Filmmusik Romeo und Julia)[106], Instrumental-Mix

```
| R |    | Vorbühne    |    | Ju |
```

1. Thema 1(langsam/getragen/Orchester)
    Takt 1-2: Romeo geht auf Julia zu, die mit dem Rücken zu ihm am anderen Ende der Vorbühne steht.
    Takt 3-4: Romeo fasst ihre Schultern, küsst ihren Nacken, sie dreht sich

---

[101] Siehe D Szenen, S. 49
[102] Siehe D Szenen, S. 51
[103] Siehe D Szenen, S. 53
[104] Siehe Anhang 3, S.144
[105] Siehe Anhang 3, S.136
[106] Siehe Anhang 3, S.144

langsam um, schaut ihn an.
2. Thema 2(Thema 1+Akzente = v)
>Takt 1   : Julia legt ihre rechte Hand an Romeos Wange,
>Takt 2(v): nimmt sie erschrocken weg, legt sie auf ihre Brust,
>Takt 3(v): sie stürzt zur anderen Seite der Vorbühne,
>Takt 4(v): sie dreht sich um, ebenso Romeo. Beide gehen mit Augenkontakt langsam aufeinander zu, bei weiteren Akzenten (v) schneller, bleiben in der Mitte der Vorbühne voreinander stehen.

3. Thema 3(Überleitung)
>Takt 1-2: Romeo streckt seine rechte Hand aus, Julia legt ihre Hand darauf, er küsst ihre Hand, sie legen die Handaußenflächen aneinander, verändern den Kontakt über rechte Hand, rechten Arm, rechte Schulter, Rücken, lehnen die Köpfe rückwärts aneinander.

4. Thema 1 (Piano + Text)
>Takt 1-2: Romeo erfasst ihre Hände, führt Julia zu einer halben Drehung, wiegt sich mit ihr mit ausgebreiteten Armen (wie in der bekannten Titanic-Szene).

5. Thema 1(Orchester)
>Takt 3-4: Romeo dreht Julia zu sich ein, hebt sie hoch, dreht sich mit ihr, setzt sie langsam auf rechter Seite ab, sie lehnt sich seitlich an ihn, Kopf an seiner Schulter. Er dreht sie zur anderen Seite, zieht sie zurück.

6. Thema 2 (Thema 1+Akzente(v))
>Takt 1:   Julia lehnt sich sich seitlich an Romeo an, Kopf an seiner linken Schulter.
>Takt 2(v):Julia springt seitlich auf Romeos Hüfte, Kopf angelehnt.
>Takt 3(v):Sie springt ab und läuft zur linken Seite der Vorbühne.
>Takt 4(v):Sie dreht sich um, läuft auf Romeo zu, springt in den Hüftsitz vorn, beide drehen sich wirbelnd umeinander herum.

Thema 3 (Überleitung)
>Takt 1-2: Romeo setzt Julia sacht rechts ab, nimmt ihre beiden Hände, küsst sie, küsst ihre Stirn, ihre Wangen, den Mund, beide lassen sich zu Boden sinken, sie legt ihren Kopf in seinen Schoß.

C Anfang 9. Szene
Musik 2: Kissing you, immer mehr übertönt von Halay (trad.)
>Mercutio reißt die Schattenspielleinwand auf.

Musik 3: Shakespeare-Dialog, unterlegt mit Crescendo aus Tanz der Ritter(Prokofiev)[107]
>Romeo und Julia werden von Mercutio und Benvolio auseinander gerissen, nach rechts (Julia) und links (Romeo).

---
[107] Siehe Anhang 3, S.136

8.Szene

6. Choreographie 9. Szene (WPK 7,1 und WPK 10)[108]

Aufstellung, nachdem Romeo und Julia auseinandergerissen wurden:

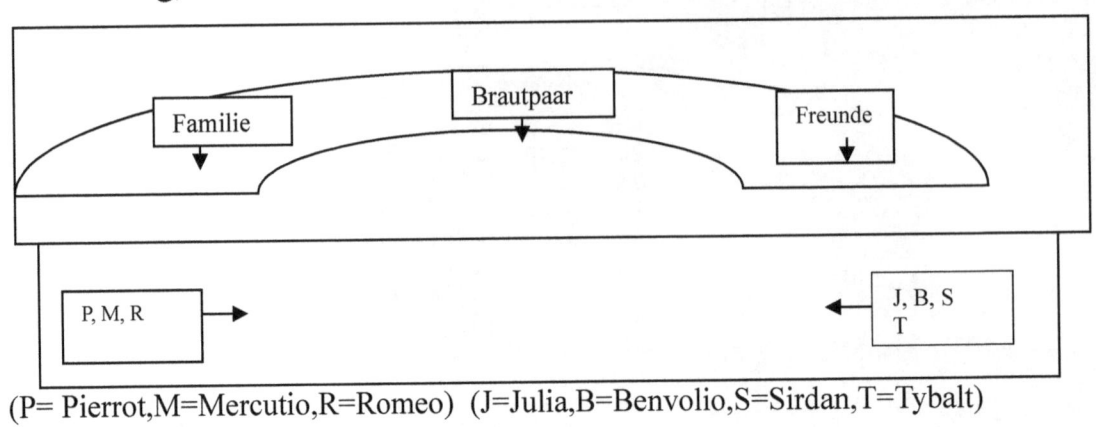

(P= Pierrot, M=Mercutio, R=Romeo) (J=Julia, B=Benvolio, S=Sirdan, T=Tybalt)

Musik: Aubry, Prima Donna[109]

Thema 1 — Takt 1- 4: Oma kommt mit Schirm durch die Aulatür in den Zuschauerraum, der Schirm verklemmt sich in der Tür (clowneske Turbulenzen). Die Hochzeitsgesellschaft verfolgt amüsiert ihren Auftritt, Julia will zu ihr, wird aber von Benvolio festgehalten.

Thema 2 (piano) — Takt 1- 4: Sie tänzelt mit aufgespanntem Schirm um die Zuschauer herum (16 Schritte).

Thema 3 (offbeat) Takt 1- 4: Sie geht durch den Mittelgang, hebt dabei im Offbeat keck ihre Unterschenkel. Das Brautpaar geht neugierig zum Bühnenrand, Familie und Freunde gehen auch etwas vor, Romeo und Julia werden aber immer noch festgehalten, wobei Pierrot zu vermitteln sucht.

Thema 2 — Takt 1- 4: Oma klappt den Schirm zusammen, steigt auf die Bühne, ist entzückt über das Brautpaar, streichelt der Braut die Wange, drückt beiden Glück wünschend die Hand.

Thema 4 (lange Töne) — Takt 1- 4: Oma entdeckt Julia, zeigt fragend auf sie, Julia reißt sich los, fällt Oma in die Arme, beide in der Bühnenmitte, Julia zeigt ängstlich auf die Hochzeitsgesellschaft, die zurückweicht.

Thema 2 (git.) — Takt 1- 4: Romeo reißt sich los, stürmt vorwärts zu Julia und Oma, Julia stellt Romeo vor, Oma küsst Julias Stirn, tätschelt Romeo. Mercutio ist Romeo nachgeeilt, hält ihn wieder fest (alle vier in der Bühnenmitte), die Hochzeitsgesellschaft geht langsam auf die vier zu.

---

[108] Siehe D Szenen, S, 53/54
[109] Siehe Anhang 3, S.141

		Tybalt ist Julia nachgeeilt, wendet sich aber entnervt ab, als er sieht, dass Oma Romeo tätschelt. Pierrot hat versucht, Mercutio zurückzuhalten, verlässt ihn dann aber achselzuckend und verfolgt das Geschehen mit entsprechender Gestik von der linken Bühnentreppe aus.
Thema 4	Takt 1- 4:	Oma patscht auf Mercutios Hand, dieser weicht erschrocken zurück. Die Hochzeitsgesellschaft macht 2 schnelle Schritte vorwärts, bleibt in drohender Haltung stehen. Mercutio reißt Romeo zurück zur linken Bühnenkante, Julia folgt ihnen kurz, hastet dann aber zurück zu Oma. Tybalt ist Julia gefolgt, kehrt dann aber auch zu Oma zurück. Oma stampft mit dem Fuß auf, spannt den Schirm auf und richtet ihn gegen die Hochzeitsgesellschaft, diese weicht zurück.
Thema 2(git)	Takt 1- 4:	Oma macht den Schirm wieder zu, tänzelt zu den Brauteltern, begrüßt sie und tanzt jeweils eine Handtour mit der überrumpelten Brautmutter und dem Brautvater. Alle schauen dem Geschehen überrascht zu. Julia läuft zu Romeo, dieser kann sich von dem überraschten Mercutio losreißen, beide tauschen in der Bühnenmitte Zärtlichkeiten aus.
Thema 3	Takt 1- 4:	Mercutio reißt Romeo zurück zur linken Seite, Tybalt reißt Julia zurück zur rechten Seite, Oma begrüßt vier weitere Hochzeitsgäste und tanzt mit dem fünften eine Handtour.
Thema 4	Takt 1- 4:	Oma sieht, dass Tybalt Julia festhält, sie stürzt zu ihm, patscht seine Hand, er lässt Julia los, Julia rennt zur Bühnenmitte in die Arme von Romeo, der sich auch losgerissen hat. Mercutio und Tybalt stürmen vorwärts, stehen sich drohend gegenüber. Die Hochzeitsgesellschaft drängt auch nach vorn.
Thema 3	Takt 1- 4:	Oma tanzt mit dem überraschten Mercutio eine Handtour, dann mit Tybalt, die Hochzeitsgesellschaft weicht amüsiert zurück.
Thema 4	Takt 1- 4:	Mercutio reißt Romeo zurück, Tybalt Julia, die Hochzeitsgesellschaft geht wieder vor, bildet einen bedrohlichen Halbkreis um Oma.
Thema 2(git)	Takt 1- 4:	Oma tanzt, angefangen mit der Braut, eine Handtour, dann mit dem Bräutigam, der Brautmutter, dem Brautvater. Nach der ersten Handtour beginnen auch alle Gäste nach und nach Handtouren mit dem neben ihnen stehenden Partnern zu tanzen. Julia und Romeo nutzen die allgemeine Überraschung und reißen sich los, treffen sich in der Mitte und tanzen auch Handtouren.

Mercutio und Tybalt gehen drohend aufeinander zu.

Thema 4   Takt 1- 4:   Oma scheucht Mercutio und Tybalt auseinander, nimmt Julias Hand, winkt Tybalt herbei, grüßt die Hochzeitsgesellschaft

Thema 1   Takt 1- 4:   und zieht mit Julia und Tybalt im Schlepptau
und Schluss   ab, durch den Zuschauerraum, zur Aulatür hinaus. Die Hochzeitsgesellschaft schaut ihr nach verharrt dann im Freeze, jeder in seiner jeweiligen Gemütslage.

98

7. Choreographien 10. Szene
a) Musik (WPK 10)[110]

Beteiligt: - 3 weiße Paare mit Neutralmasken (3 Julias mit je 2 versteckten roten Neontüchern, 3 Romeos mit je 2 versteckten blauen Neontüchern)
- 6 schwarze Helfer mit Schwarzlicht-Kapuzen
  Helfer 1+2: zuständig für das große schwarze Tuch (1,60x6,00m)
  Helfer 3+4: zuständig für die Stellwände
  Helfer 5+6: zuständig für die Sternenfolie (schwarze große Plastikplane, mit Neonsternen beklebt)

Weitere Requisiten: 2 Stellwände, Stellwand 1 mit schwarzer Folie behängt, Stellwand 2 ebenfalls, darunter aber ein großer neon-gelber Mond auf schwarzer Folie,
2 schwarze Podeste rechts, mehrere Podeste hinter den Stellwänden

Musik1: Mozart, Klavierkonzert Nr 21, Andante/Ausschnitt[111] / ab Takt 56 + Shakespeare-Dialog[112]

1. Überleitung, Takt 56/57: Julia erscheint auf dem Balkon, Romeo setzt sich ganz rechts auf den Bühnenrand,
   Helfer 1+2 kommen von links mit dem großen schwarzen Tuch unsichtbar herein, dahinter kommen alle Romeos, Julias und Helfer unsichtbar herein und verteilen sich auf ihre Plätze.
   Pierrot sitzt mit aufgeschlagenem Buch links auf der Bühnentreppe.

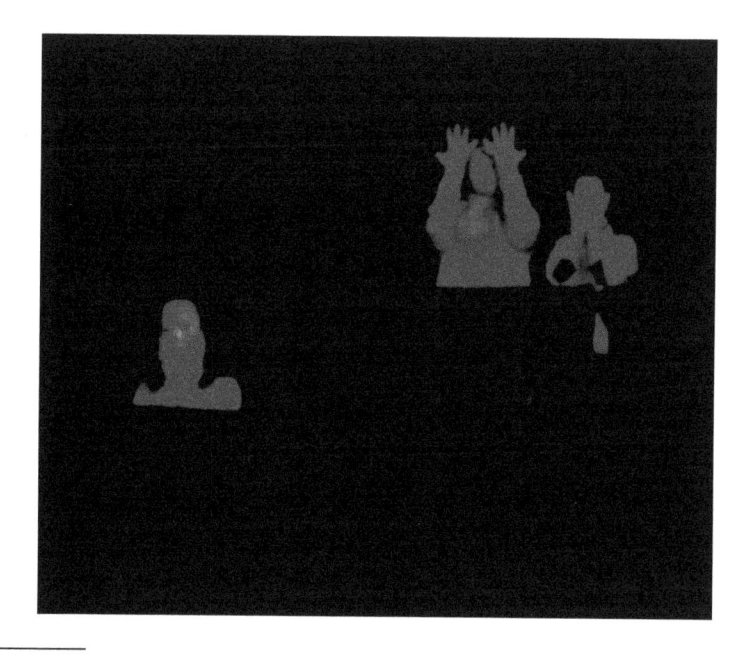

---
[110] Siehe D Szenen, S. 56/57
[111] Siehe Anhang 3, S.144
[112] Siehe D Szenen, S. 56/57

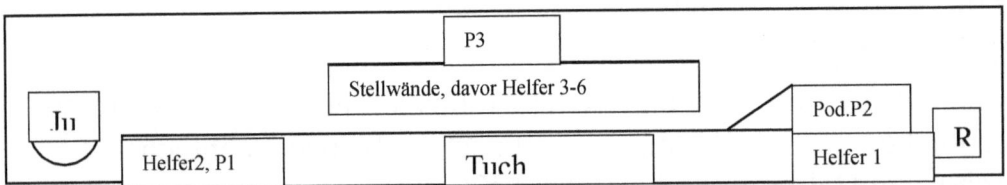

```
┌─────────────────────────────────────────────────────────────┐
│                        P3                                    │
│           Stellwände, davor Helfer 3-6        ┌──────┐      │
│  ┌──┐                                         │Pod.P2│  ┌──┐│
│  │Ju│  ┌─────────────┬──────────────┬─────────┤      │  │R ││
│  └──┘  │ Helfer2, P1 │    Tuch      │ Helfer 1│      │  └──┘│
└────────┴─────────────┴──────────────┴─────────┴──────┴──────┘
```

(Ju=Julia auf dem Balkon, R=Romeo, P1,2,3= Paare1,2,3, P3 steht erhöht auf Podesten hinter den Stellwänden, P2 sitzt/liegt auf schwarzen Podesten rechts. Die Sternenfolie liegt verdeckt vor den Stellwänden. Für die Zuschauer sind zu diesem Zeitpunkt nur Julia und Romeo sichtbar.

Die folgenden Zeichnungen zeigen nur das für die Zuschauer Sichtbare, die sichtbaren Romeo und Julia werden jedoch der Einfachheit halber ausgespart.

2. Thema:
Takt 58/59:

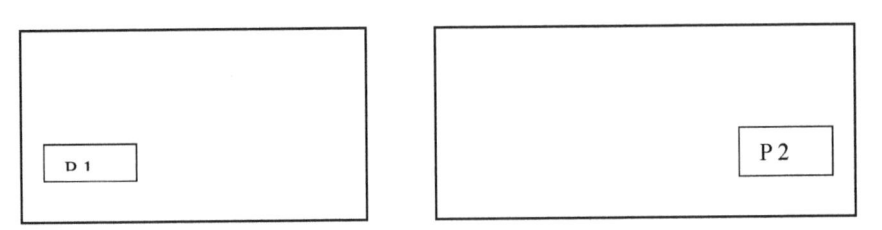

Helfer 2 senkt das Tuch blitzschnell, Paar 1 ist zu sehen mit Slow-Motion-Zärtlichkeiten.	Helfer 1 senkt das Tuch (Helfer 2 zieht es wieder hoch), Paar 2 ist zu sehen mit Slow-Motion-Zärtlichkeiten.

Takt 60/61

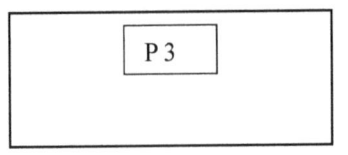

Helfer 1 zieht das Tuch hoch(Paar 2 verschwunden), Helfer 3+4 ziehen die Stellwände auseinander: Paar 3 ist zu zu sehen, ebenfalls mit Slow-Motion-Zärtlichkeiten, und zwar dank der Podeste sozusagen hoch in der Luft schwebend, danach: Stellwände wieder zusammenschieben.

Takt 62/63

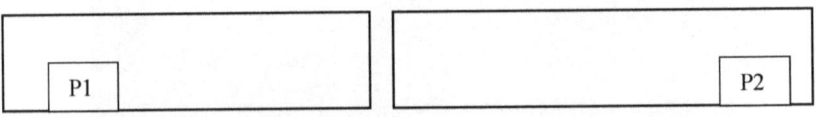

Nacheinander auftauchen und verschwinden: Statuen „Zärtlichkeit" (der technische Ablauf ist wie oben).

Takt 64/65   P3 taucht auf in einer Zärtlichkeitsstatue, bleibt stehen
             P1+2 tauchen gleichzeitig auf in einer Zärtlichkeitsstatue, alle 3 Paare sind zu sehen.

Takt 66/67   Paar 3 verschwindet, Paar 2 verschwindet.
Takt 68/69   Paar 1 verschwindet

Überleitung
Takt 70+Text: Welch ein Licht dort....[113]
　　　　　　 Der Osten- Und Julia....

Thema
Takt 71 bis Schluss (30 Takte) mit Text:
Wie sie die Wange legt...:　　　　　P3　Julias Gesicht erscheint hoch über den
　　　　　　　　　　　　　　　　　　　unsichtbaren Stellwänden(sie bleiben
　　　　　　　　　　　　　　　　　　　zusammengeschoben),
　　　　　　　　　　　　　　　　　　　Armkreis rechts hoch über den Kopf, dann
　　　　　　　　　　　　　　　　　　　Wange aufstützen.

Dass ich der Handschuh wär...:　　　P1　Julias Gesicht erscheint,
　　　　　　　　　　　　　　　　　　　Bewegung wie oben.

Die Wange so berühren....　　　　　P2　Julias Gesicht erscheint,
　　　　　　　　　　　　　　　　　　　Bewegung wie oben.
　　　　　　　　　　　　　　　　　　　Alle drei Gesichter zu sehen.

(4 Takte ohne Text)　　　　　　　　P1　Romeos Gesicht erscheint, Hände von oben
　　　　　　　　　　　　　　　　　　　nach unten ziehen, Kinn aufstützen.

　　　　　　　　　　　　　　　　　 P2　Romeos Gesicht erscheint,
　　　　　　　　　　　　　　　　　　　Bewegung wie oben.

　　　　　　　　　　　　　　　　　 P3　Romeos Gesicht erscheint,
　　　　　　　　　　　　　　　　　　　Bewegung wie oben

　　　　　　　　　　　　　　　　 P1-3　Alle Romeos und Julias wiederholen obige
　　　　　　　　　　　　　　　　　　　Romeo-Bewegung. Zu sehen sind die
　　　　　　　　　　　　　　　　　　　Gesichter und Hände von 3 Paaren.

Sag, liebst du mich...　　　　　　 P1-3　Köpfe zueinander, Gesichter in die Hand
　　　　　　　　　　　　　　　　　　　nehmen.

Ich weiß, ja heißt die Antwort...　P3　verschwindet, danach P2 und 1,
Dann, Romeo, wenn du mich liebst..　　 Helfer 3+4 schlagen schwarze Folie bei
　　　　　　　　　　　　　　　　　　　Stellwand 2 zurück, sehen ist der Mond.

Beim Silbermond, ach, will ich ...　　Helfer 3(Romeo) kniet vor dem Mond,
　　　　　　　　　　　　　　　　　　　Schwurgeste. Helfer 4 (Julia) steht vor dem
　　　　　　　　　　　　　　　　　　　Mond.

Schwör nicht beim Mond...
Der sich verändert...　　　　　　　　 Helfer 5+6 ziehen langsam die schwarze
　　　　　　　　　　　　　　　　　　　Plastikfolie vor den Mond. Schwarze
　　　　　　　　　　　　　　　　　　　Bühne, zu sehen ist nichts.

Wobei denn soll ich schwören...　P1-3　sammeln sich unsichtbar hinter dem
　　　　　　　　　　　　　　　　　　　Vorhang von Helfer 1+2, knien im Kreis,
　　　　　　　　　　　　　　　　　　　Hände oben gefasst, mit den roten und
　　　　　　　　　　　　　　　　　　　blauen Neontüchern. Schwarze Bühne.

Ach, lass das Schwören...

---
[113] Vollständiger Text siehe D Szenen, S 56

Gute Nacht, mein Herz…		Schwarze Bühne wie oben.
Die Liebesknospe wird vielleicht…		Helfer 1+2 ziehen schwarzes Tuch herunter.
Des Sommers eine Blume….	P1-3	In obiger Haltung zurücklehnen(Blume). Verschwinden(Tuch wird hochgezogen von H1+H2.)
Gut Nacht -	P1	Sie stehen auf, reichen sich die Hand. Verschwinden. Helfer 1+2 lassen nur dieses Paar sichtbar werden durch geschicktes Senken des schwarzen Tuches).
Ach, lässt du mich so unbefriedigt..	P2	Sie werden sichtbar(dank H1+2). Romeo schlingt sein Neontuch um Julias Hals.
Was soll befriedigt werden…		Julia nimmt das Tuch weg. Verschwinden. (Tuch hoch).
Die Liebe mit dem Tausch…	P1	Wieder sichtbar (dank Helfer 1+2) Romeo schlingt sein Neontuch um Julias Hals. Verschwinden. (Tuch hoch).
Mein Leben ist so grenzenlos…	P1-3	sammeln sich unsichtbar in der Mitte der Bühne. Helfer 3-6 ziehen die Sternfolie über die 3 Paare, Helfer 1+2 lassen das Tuch fallen und helfen beim Bewegen der Sternfolie.
Die Liebe wie die See….. Je mehr ich geb… Und ohne Maß…	P1-3	Slow-Motion-Zärtlichkeiten, während die Sternfolie hoch und runter bewegt wird.
Musikschluss (3 Takte)	P1-3	gleiten zum Boden, bleiben dort in zärtlicher Umarmung liegen, die Sternfolie wird losgelassen und senkt sich langsam über sie. Romeo steht auf und bewegt in Richtung Balkon.

Blackout. Pierrot und alle Schwarzlichttänzer samt Requisiten ab.

b) Musik 2 : *Gaynor, The heat is on*[114]

8 Takte	Julia schlängelt um Romeo herum, entfernt sich dann.
16 Takte (Refrain)	1. Julia läuft auf Romeo zu, springt in Grätschsitz auf Romeos Hüften, hoher Absprung .
	2. Rock`n Roll – Grundschritte mit Seitenwechsel und Drehungen unter dem rechten Arm.
	3. Hüftsprünge rechts und links (Sprünge in den Kniesitz auf Romeos Hüfte).
4 Takte(Zwischensp.)	Grundschritte mit verschiedenen Drehungen (unter beiden Armen, einem Arm) und Seitenwechseln.
8 Takte("Ohohoho")	1. „Hubschrauber": Romeo steht hinter Julia, hält sie unter den Achseln fest, hebt sie hoch und schleudert ihre Beine in einer Acht unter seinem rechten, linken Bein hindurch.
	2. Beide entfernen sich voneinander.
16 Takte(Refrain)	1. Springen in den Grätschsitz (wie oben).
	2. Grundschritte (Romeo steht hinter Julia, hält sie an den Hüften fest).
	3. Julia springt rückwärts, Beine gegrätscht, auf Romeos

---

[114] Siehe Anhang 3,.S.144. Siehe auch D Szenen, S. 56

	Hüften, „taucht" mit dem Oberkörper nach unten, berührt mit ihren Händen den Boden, schwingt wieder hoch und springt ab.
	4. Grundschritte mit Drehungen und Seitenwechseln.
8 Takte (Zwischensp.)	Romeo schwingt Julia um seinen Körper herum, von linker Hüfte über den Rücken zur rechten Hüfte und nach vorn.
8 Takte („Heat is on")	Romeo zieht Julia durch seine Beine von hinten nach vorn durch, Julia landet mit hohem Sprung, rennt weiter, dreht sich um, nimmt Anlauf.
8 Takte(Schluss)	Julia springt über Romeos Rücken, Kopf, macht mit seiner Hilfe eine Rolle vorwärts an seiner Brust und landet vor ihm auf den Füßen. Umarmung.

c) *Musik 3: Aubry, Prima Donna*[115]

Thema 1(4 Takte)	T1: Oma erscheint auf dem Balkon,
	T2: schaut sich um,
	T3: ruft: „Kind!"
	T4: „Julia!"
	Julia dreht sich die ganze Zeit versonnen um sich selbst auf der Bühnenmitte.
Thema 2(4 Takte)	T1: Oma erblickt Julia: "Hier draußen in der Kälte!"

---
[115] Siehe Anhang 3, S.141. Siehe auch D Szenen, S. 59

	T2-4: Oma läuft ins „Zimmer", holt ein Tuch, dann nach draußen zu Julia, die ganze Zeit redend. Julia hat sich hingelegt, blickt in den „Mond".
Thema 3 (4 Takte)	T1: Oma hebt Julia hoch : „Du bist ja ganz erhitzt!"
	T2: Sie legt ihr das Tuch um: "Hast du Fieber?"
	T3: „Ach Gott, ach Gott!"
	T4: „Und der schöne Bademantel liegt im Dreck!" Julia lässt alles mit sich geschehen.
Thema 2 (4 Takte)	T1: Oma zieht Julia mit sich: "Ab ins Bett!"
	T2: Sie schiebt Julia an; „Wenn deine Eltern das erfahren!"
	T3-4: Sie schiebt Julia auf den Balkon: „Ach nee, was macht man alles mit dir mit!"
Thema 4 (4 Takte)	T1-4: Auf dem Balkon redet sie weiter auf Julia ein, die immer noch ganz versonnen vor sich hinlächelt. „Da musste ich sie schon anlügen wegen dieser komischen Hochzeit!" Julia fällt ihr um den Hals: „Ja, Hochzeit!"
Thema 2 (4 Takte)	T1-4: Julia wirft das Tuch ab und rennt wieder in den Garten, sich wirbelnd drehend, Oma schimpfend hinterher, kann sie bei ihrem wirbelnden Tanz kaum fassen, schafft das aber dann.
Thema 4 (fade out)	Oma zieht Julia von der Bühne, die ganze Zeit lamentierend, auch nach Musikschluss hört man sie noch hinter den Kulissen.

8. Choreographien 12. Szene (WPK 10, AG 6-10, WPK 7,2)

(WPK 10) Musik 1: Aubry, Simagees[116] (verkürzt:1,25)
Tybalts Gruppe links vor der Bühne, Romeos Gruppe rechts vor der Bühne im Zuschauerraum, zunächst unsichtbar, der Spot wandert bei Musikbeginn von einer Gruppe zur anderen hin und her, sichtbar ist also immer nur eine Gruppe.

Thema 1	4 Takte:	Spot auf Tybalts Gruppe, im Kreis, alle haben die Arme um die Schultern der Nachbarn gelegt, Oberkörper gebeugt zum Kreis Kreisinnern (= Skulptur/Freeze).
Thema 2	4 Takte:	Spot auf Mercutios Gruppe, wie oben Tybalts Gruppe.
Thema Piano	4 Takte:	Spot auf Tybalts Gruppe, alle zeigen auf Mercutios Gruppe (Skulptur)
Thema 2	4 Takte:	Spot auf Mercutios Gruppe, alle zeigen auf Tybalts Gruppe (Skulptur)
Thema 2	2 Takte:	Spot auf Tybalts Gruppe, im Kreis, zueinander gewandt mit geballten Fäusten (Skulptur).
	2 Takte:	Spot auf Mercutios Gruppe, im Kreis wie oben (Skulptur).
Thema 3	2 Takte:	Spot auf Tybalts Gruppe, geballte Fäuste in Richtung „Feind"(Skulptur).
	2 Takte:	Spot auf Mercutios Gruppe, wie oben.
Thema 3	2 Takte:	Spot auf Tybalts Gruppe, pantomimischer Schrei in Richtung „Feind"(Skulptur).
	2 Takte:	Spot auf Mercutios Gruppe, wie oben.
Thema Piano	4 Takte:	Spot auf Tybalts Gruppe, im Kreis, umarmt wie bei Thema 1(Skulptur).
Thema 1	4 Takte:	Spot auf Mercutios Gruppe, umarmt wie oben.
Thema 1	4 Takte:	Spot auf Tybalts Gruppe, alle zeigen „Stinkefinger" in Richtung „Feind" (Skulptur).
Thema Piano	4 Takte:	Spot auf Mercutios Gruppe, alle zeigen „Stinkefinger" wie oben.
Thema 1	2 Takte:	Spot auf Tybalts Gruppe, geballte Fäuste in Richtung „Feind" (Skulptur).
	1 Takt:	Spots auf beide Gruppen, geballte Fäuste in Richtung „Feind".

---
[116] Siehe Anhang 3, S.137. Siehe auch D Szenen, S. 62

(WPK 10, AG 6-10, WPK 7,2) Musik 2: Prokofiev, Tanz der Ritter,
          Das Treffen von Tybalt und Mercutio,
          Finale[117]+Stimmen:
          Down with the Capulets!
          Down with the Montagues!
          Lil Jon, Let`s go

A. WPK 10, Musik 1: Tanz der Ritter

Thema 1   Takt 1/2: <u>Tybalt</u>, von links Ball spielend auf die Bühne, gefolgt von
                    <u>Freund 1</u> und <u>Freundinnen 1,2,3</u>, die alle versuchen, den Ball
                    zu bekommen.

          Takt 3/4: Tybalt wirft Freundin 3 den Ball zu, diese springt
                    auf die Podeste um Bühnenhintergrund und hält den
                    Ball hoch.

          Takt 5/6: Freundin 3 wirft den Ball zu Freundin 2, diese zu Freundin 1,
                    die Jungen versuchen, den Ball zu bekommen, Freundin 1 wirft
                    zu Freund 1.

          Takt 7/8: Freund 1 pfeffert den Ball gegen die Wand, fängt ihn auf.

Whlg.
Thema 1   Takt 1/2: <u>Mercutio</u> dribbelt von rechts den Ball
                    herein, gefolgt von seiner Gruppe, die alle
                    versuchen, den Ball zu bekommen.
                    Tybalts Gruppe dreht sich langsam zu ihnen um,
                    verschränkt die Arme.

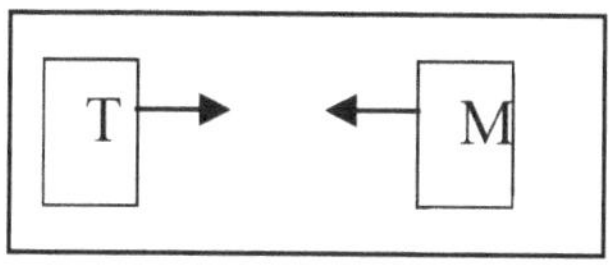

          Takt 3/4 Mercutios Gruppe bleibt stehen, verschränkt die Arme, geht 2
                    Schritte vor., Tybalts Gruppe geht ebenfalls 2 Schritte vor.

          Takt 5/6 Tybalt schlägt Mercutio den Ball aus der Hand, bespuckt ihn,
                    wirft ihn in die Mülltonne. Mercutios Gruppe geht langsam 2
                    Schritte vor, immer noch mit verschränkten Armen.

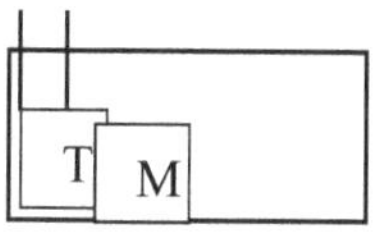

          Takt 7   Mercutios Gruppe rennt plötzlich vorwärts, Tybalts
                    Gruppe weicht überrascht zurück.

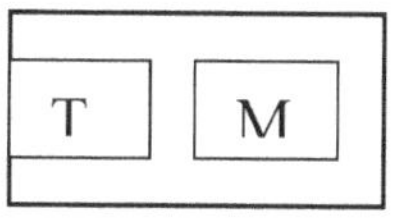

          Takt 8   Tybalts Gruppe rennt vorwärts, Mercutios Gruppe
                    weicht zurück. Mercutio packt Tybalt, stößt ihn

---
[117] Siehe Anhang 3, S.136. Siehe auch D Szenen, S. 63/64

zurück, Tybalt fällt.

B AG 6-10 + WPK 7,2 + WPK 10, Musik 2: Finale (Crescendo)[118]

Die weiteren Gruppen Tybalts und Mercutios rennen herein, die Mercutio-FreundInnen von links, die Tybalt-FreundInnen von rechts, sie rennen über Bühnenpodeste, Vorbühne jeweils zur anderen Seite. Tybalts Freunde helfen diesem auf.

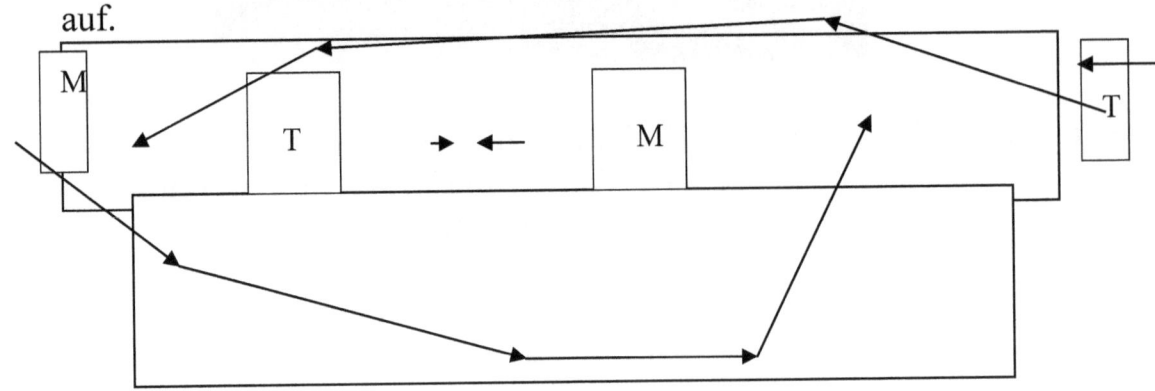

C Obige Gruppen: Tanz der Ritter

Vorspiel	2 Takte	Tybalts Gruppe geht 4 Schritte vor, Hände seit in Angriffshaltung.
Vorspiel	2 Takte	Mercutios Gruppe ebenso.
Thema 1	Takt 1	Alle: links vor, hoher Sprung, landen auf rechts, dabei Fäuste von oben nach unten ziehen.
	Takt 2	Beide Gruppen: Links vor, rechts vor, links vor, durch die Gegnergruppe hindurch, Arme halbseit, Hände gespreizt, dann halbe Drehung.
	Takt 3	Wie Takt 1: Sprung.
	Takt 4	Links rück, rechts rück, links rück, rechts rück, Arme dabei gestreckt nach vorn, Hände gefasst, am Schluss Hände vor der Brust und nach oben.
	Takt 5/6	Mit Kreuzschritten den „Gegner" umkreisen, Arme seitlich, Hände gespreizt.
	Takt 7	Wie Takt 1: Sprung - und zur neuen Aufstellung rennen.
	Takt 8	Wie Takt 1: Sprung – und stehen.

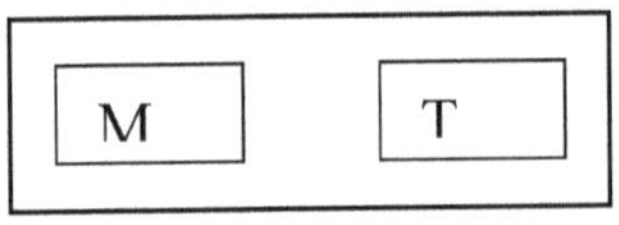

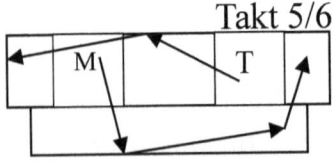

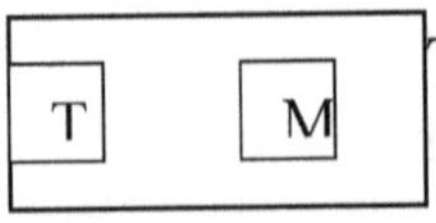

---

[118] Siehe Anhang 3, S.136

Thema 1
Whlg.   Takt 1/2   Tybalts Gruppe:: vor, vor, vor, rück, vor, vor, vor,
                         kick (Bein, Fuß nach vorn stoßen, linke Faust auf
                         die Brust, rechten Arm nach oben).
                         Mercutios Gruppe: rück, rück, rück, vor, rück,
                         rück, rück, nach links wegducken.
             Takt 3/4   wie 1/2: Mercutios Gruppe vor, Tybalts Gruppe
                         zurück und wegducken.
             Takt 5   Tybalts Gruppe: vor, vor, vor, kick (wie Takt 1/2),
                         Mercutios Gruppe: rück, rück, rück, wegducken.
             Takt 6   Wie Takt 5: Mercutios Gruppe vor, Tybalts Gruppe
                         zurück und wegducken.
             Takt 7/8   Beide Gruppen: Mit Kreuzschritten (Arme seit,
                         Hände gespreizt) lauernd den „Gegner" umkreisen.

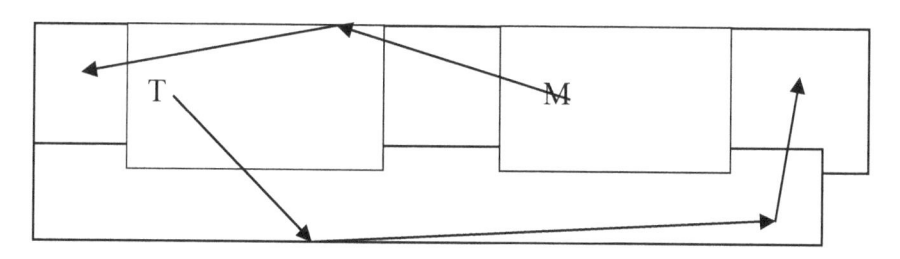

Zwischenthema Bläser (16 Takte): Stockkämpfe des WPK 7,2, jeweils
                         zu zweit (Blau gegen Rot), von den
                         SchülerInnen selbst erarbeitet.

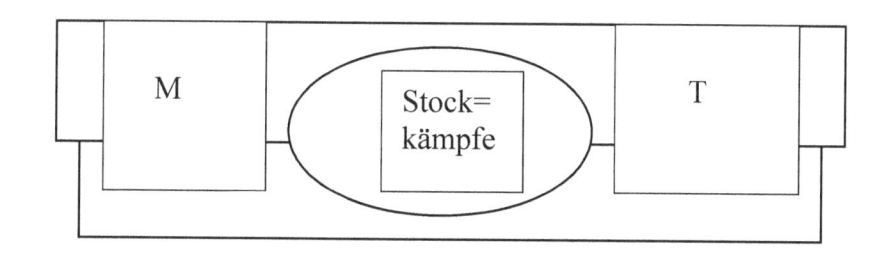

Vorspiel 2x, Thema 1 und Whlg.+ Stimmen (Down with the Capulets! Down with the Montagues!) (16 Takte): Zweikämpfe von je drei Paaren aus allen drei Gruppen, Zweikämpfe, die die SchülerInnen allein erarbeitet hatten.

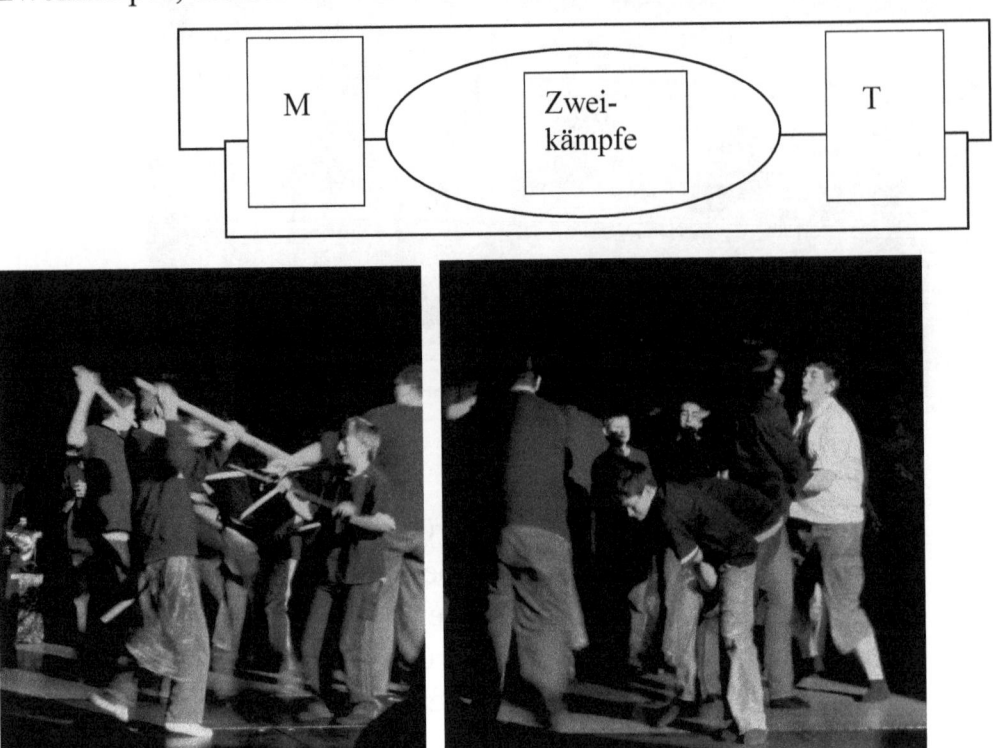

Schnelles Tanz der Ritter-Thema aus „Das Treffen von Tybalt und Mercutio" (12 Takte):

Die Zweikämpfe und Anfeuerungsrufe der Mercutio- und Tybaltgruppe gehen weiter, Romeo (WPK 10) stürmt von links auf die Bühne und versucht, die Kämpfenden zu trennen, die Anfeuernden zu beruhigen.

D Obige Gruppen: Finale (Schluss-Crescendo)[119]
Alle weichen zurück, Tybalt und Mercutio stehen sich gegenüber.

E Obige Gruppen: Musik 3: Lil Jon, Let`s go[120]

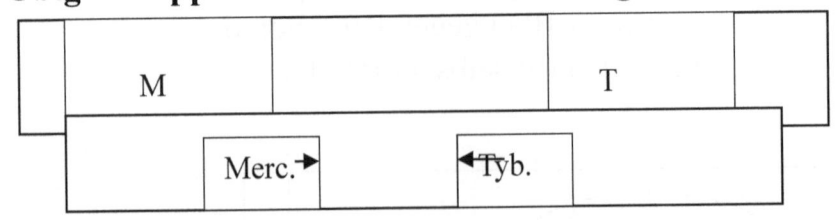

---
[119] Siehe Anhang 3, S.136
[120] Siehe Anhang 3, S.145

110

Zweikampf Mercutio/ Tybalt: Eigene Choreographie der Schüler.[121]
(Der Zweikampf endet mit Mercutios tödlicher Verletzung).

Obige Gruppen: Das Treffen von Tybalt und Mercutio (Thema 2+3, Ausschnitt), Finale + Shakespeare- Dialog[122]

A Finale, 1. Thema+Text (Vollständiger Text S. 66)

Ich bin verletzt…	Mercutio taumelt 3 Schritte rückwärts, Romeo rennt zu ihm.
Die Pest auf…	Mercutio dreht sich zu ihm um, krümmt sich vor Schmerzen.
Die Pest auf…	Mercutio stürzt vorwärts in Romeos Arme.
Warum kamst du…	Er taumelt zurück, fällt in Benvolios Arme.
Die Pest auf…	Er taumelt wieder vorwärts, fällt, steht auf.
Die Pest…	Erneuter Fall.
Sie haben Wurmfraß…	Er steht mühsam wieder auf, Romeo hilft.

B Mercutio-Thema aus „Das Treffen von Tybalt und Mercutio (4 T) und „Finale" (Schluss-Crescendo)

Mercutio taumelt vorwärts zu einem Mädchen, versucht sie zu küssen, taumelt rückwärts, wird von Romeo aufgefangen, taumelt wieder vorwärts, dreht sich, fällt, stirbt. Romeo zu ihm, versucht seinen Kopf zu heben…

Obige Gruppen: Schnelles Tanz der Ritter-Thema aus „Das Treffen von Tybalt und Mercutio" (Prokofiev)[123], Hauptmotiv aus „Die zwei Gesichter der Veronika" (Preisner)[124], Hauptmotiv aus „Die junge Julia" (Prokofiev)[125]

A Tanz der Ritter-Thema (12 Takte): Romeo fährt verwirrt hoch, kniet wieder neben Mercutio nieder, horcht sein Herz ab, schreckt hoch, schreit „NEIIN!!, ergreift

---
[121] Siehe auch D Szenen, S. 65/66
[122] Siehe Anhang 3, S.136. Siehe auch D Szenen, S.66
[123] Siehe Anhang 3, S.136
[124] Siehe Anhang 3, S.136
[125] Siehe D Szenen, S. 66/67

B Hauptmotiv Veronika (2 T)
    und Hauptmotiv Junge Julia (8T)

C Shakespeare-Text

D Finale-Schlusscrescendo

Mercutios Messer, stürzt auf Tybalt zu, erticht ihn. Tybalt taumelt, fällt, stirbt. Pierrot hat sich Romeo in den Weg gestellt, wurde aber beiseite gestoßen.

Romeo stolpert zu Tybalt und zu Mercutio, lässt das Messer fallen, fasst sich an den Kopf, dreht sich. Alle außer Benvolio und Pierrot fliehen.
Benvolio reißt Romeo mit sich,

Pierrot geht traurig zur Bühnenmitte.
Julia und Sirdan stürzen herein,
Julia stürzt sich über Tybalt,
Sirdan über Mercutio. Pierrot
setzt sich traurig an den Bühnenrand.

9. Hinführung zur 13. Szene (WPK 10)(1 Doppelstunde)

Musik 1: Ekseption, Air[126]
1. Im Kreis: Kopfkreisen, Schulterkreisen, Hüftkreisen,
   Achterkreise re Knie, li Knie, Fußkreise,
   Stretching: Grätschstellung, re Arm zieht von weit re über den Kopf nach li, li Arm dito nach re, Wiederholungen,
   beide Arme nach vorn, Oberkörper nach vorn, Rücken gerade, zusammenfallen, Fingerspitzen am Boden und Wirbel für Wirbel aufrichten.
   Morgengruß-Übung (Yoga), erst sehr langsam, bei jeder Wiederholung Tempo steigern.

Musik 2: Donizetti, Romanza[127]
2. Im Kreis: Eine Bewegung im Kreis weitergeben,
   eine Bewegung weitergeben, aber der/die NachbarIn antwortet darauf mit einer anderen Bewegung – auf allen Raumebenen,
   eine Bewegung irgend jemandem im Kreis per Augenkontakt weitergeben, diese/r nimmt sie auf, fügt eine 2. Bewegung an, die wiederum an jemanden im Kreis weitergegeben wird, usw.

Ohne Musik
3. Im Kreis: Vorstellung: eine kleine Kugel kreist in der Hüfte, muss in Bewegung gehalten werden (Hüftkreisen), begleitet von einem stimmlichen „Sssssssssss".
   Die Kugel wird schließlich mit einem deutlichen „Ssst!" und entsprechendem Beckenschwung an jemanden im Kreis weitergegeben, der sie mit „Ssst!" und entsprechendem Beckenschwung aufnimmt, weiter kreisen lässt („Ssss") und wieder weitergibt. Die ganze Zeit machen dabei alle im Kreis Hüftschwünge.
4. Im Kreis: Einen Satz/Ausruf/Frage im Kreis weitergeben mit Bewegung, dabei die Lautstärke vom Flüstern bis zum Schrei steigern.
5. Im Kreis: Im Kreis gefasst, gebeugt unten das Wort „Minerva" flüstern, langsam sich erheben, dabei die Lautstärke steigern bis zum Schrei (Arme hoch).

Musik 3: Gary Moore, Still got the blues[128]
6. Im Kreis: Einen Satz + Bewegung im Rhythmus der Musik im Kreis weitergeben. Jede/r erfindet einen Satz, der Julias Situation nach Tybalts und Mercutios Tod und Romeos Flucht ausdrückt.
   Nacheinander werden alle diese Sätze/Fragen mit Bewegung im Kreis weitergegeben.
7. Frei im Raum: Einzeln vorwärtsgehen/hasten mit dem Satz, innehalten, Freeze, und wieder Vorwärtsbewegung mit dem Satz, auch mit

---
[126] Siehe Anhang 3, S.138
[127] Siehe Anhang 6, S.150
[128] Siehe Anhang 6, S.150

Drehungen, Bewegungen auf verschiedenen Raumebenen bis zum Freeze, auch mit verschiedenen Lautstärken – vom Flüstern bis zum Schrei.

Ohne Musik

8. Gruppenarbeit in 2 Gruppen: Die Sätze der Einzelnen aufschreiben, eventuell verändern.

9. Plenum: Die SchülerInnen einigen sich auf die Sätze, die vertanzt werden sollen, und auf die Reihenfolge.

Musik 4: Es waren zwei Königskinder (trad.)

10. Ausprobieren der von den SchülerInnen erarbeiteten Sätze und Bewegungen. Arbeit an Bewegungen und Stimme.

10. Choreographie 13. Szene (WPK 10)
Musik: Chor: Es waren zwei Königskinder(trad.) und Schrei „Juliet"! aus Film 2001[129]

1. Der Chor stellt sich schon am Ende der Musik 1 auf[130].(ohne Musik)
2. (Projektion Wald auf Rückwand und weiße Chorkostüme): Alle Julias hasten durch die „Bäume", auf der Suche nach Romeo, flüsternd, schreiend „Romeo"! (ohne Musik) ,Romeo-Rufe und Bewegungen steigern sich bis zur Skulptur und Schrei: Romeo!!! (Freeze)
3. (Projektion: hassverzerrte Portraits von Mitgliedern der Capulet-und Montague-Gruppen) Der Chor summt die 1. und 2. Strophe, die Julias beginnen nacheinander mit ihren Sätzen und Bewegungen, sie hasten, stürzen, gehen, drehen sich vorwärts oder rückwärts, auch auf Bodenebene, flüstern, schreien ihre Sätze und frieren die Bewegung dann ein, bis sie wieder mit einem Satz an der Reihe sind.
Der Chor singt dann die 1.– 3. Strophe, die Julias tanzen weiter ihre Sätze und Freezes.
4. Nach dem letzten Satz der letzten Julia sprechen alle Julias ihren jeweils letzten Satz gemeinsam und finden sich zu einer „Julia-Skulptur" zusammen. Freeze.
5. Romeos verzweifelter Schrei „Juliet!!!" hallt durch den Raum. Blackout.

Sätze:
1.
   A Wo bist du?
   B Du hast meinen Bruder ermordet!
   C Was soll ich denken?
   D Wo bist du? Ich liebe dich!
   E Warum hast du Tybalt ermordet?
   F Ich such dich – aber ich weiß nicht-
   G Was soll ich denken?
   H Ich bin total – verwirrt-
   I Romeo – wo bist du?

2.
   A Ich lieb dich so-
   B Tybalt ist tot – warum???
   C Was soll ich denken??
   D Wo bist du? Ich brauche dich!
   E Mein Gott, warum hast du Tybalt getötet!?
   F Tybalt war mein Bruder – aber du-
   G Was soll ich denken???
   H Was soll ich fühlen?
   I Romeo, wo bist du??

---
[129] Siehe Anhang 4, S. 146
[130] Siehe D Szenen, S. 68

115

3a   A Wo gibt es einen Ausweg?
       B Warum dieser Hass??
       C Was soll ich denken???
       D Wo bist du!!??
       E Warum Tybalt? – Er war mein Bruder!
       F Wo bist du? – Ich liebe dich!!!
       G Was soll ich denken??
       H Was soll ich fühlen???
       I Romeo!!!!!!!!

3b   Wiederholung, alle gleichzeitig.

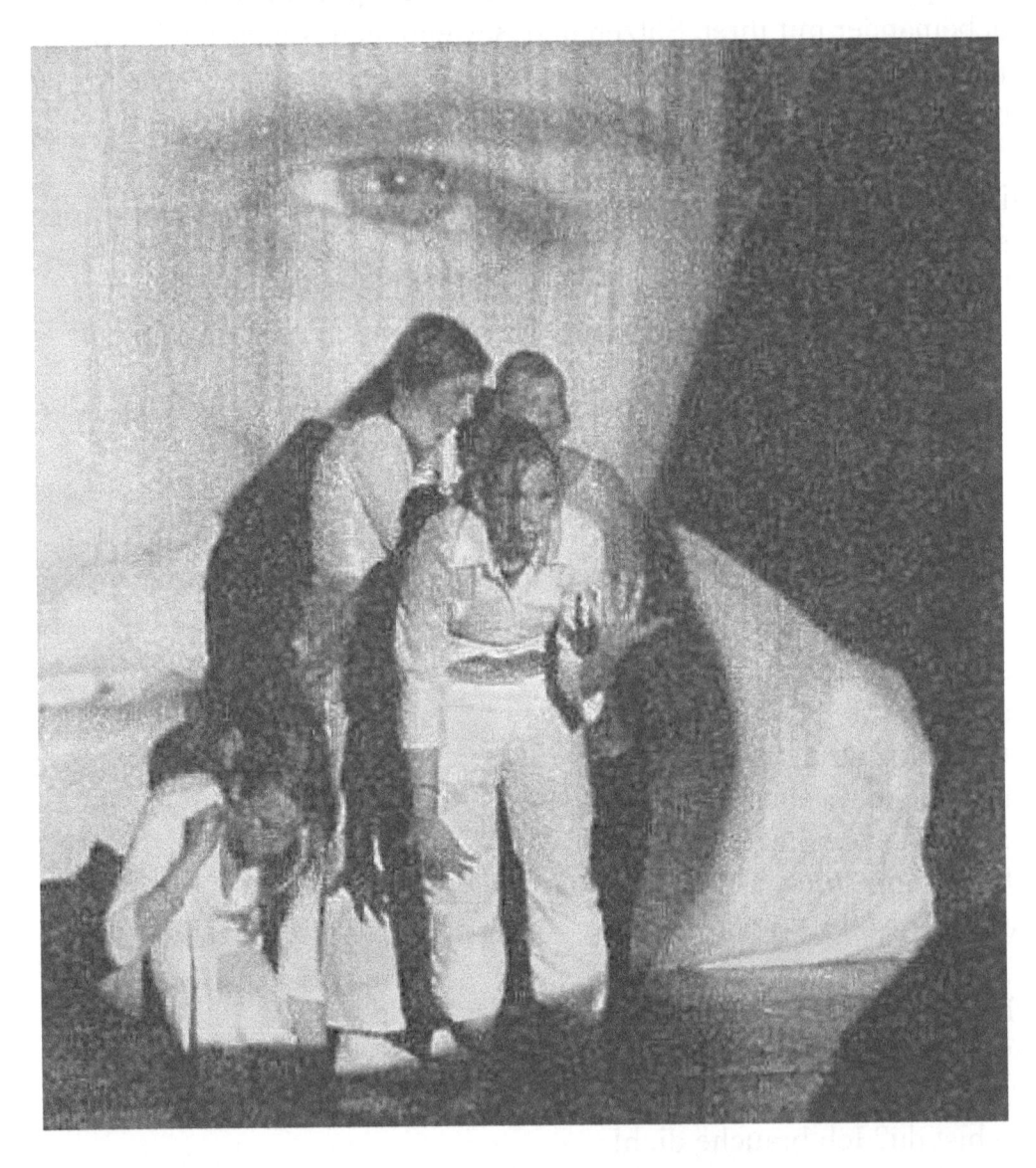

11. Hinführung zu Szene 14 (WPK 10)(2 Doppelstunden)

Romeos Flucht wird thematisiert: „Hast du kein Gift, nicht einen scharfen Dolch, nicht einen kleinen anderen Tod?"
Romeo findet seinen „kleinen anderen Tod": die Flucht in Drogen.

Hinführung zum „Drogentanz" (2. Musik, Szene 14)[131]

1. Musik 1: Aubry, Demi Lune[132]
- Gleichgewicht verlagern re, li
- Schultern spielen lassen, Drehungen nach vorn, hinten
- Mit der Hüfte eine 8 malen
- Einzelimpros mit Schulterdrehungen und Hüftdrehungen, alle zusammen, dann in Gruppen mit Zuschauern
- Knie benutzen, um den eigenen Vornamen zu schreiben
- Ellenbogen benutzen, um den eigenen Vornamen zu schreiben
- Einzelimpros mit Knie- und Ellenbogenbewegungen, alle zusammen, dann in Gruppen mit Zuschauern

2. Musik 2: Polonaise 2046[133]
- Partnerübung: Impuls geben auf verschiedene Körperstellen, den Impuls als Schmetterling aufnehmen
- Partnerübung: Impuls geben, den Impuls als hüpfender Ball aufnehmen
- Gruppenvorführung „Schmetterling" und „Hüpfender Ball" mit Zuschauern
- Einzelimpro: „Schmetterling" oder „Hüpfender Ball" ohne Impulsgeber imaginieren und tanzen, alle zusammen, dann einzeln vor Zuschauern

3. Musik 3: Peter Green, In the Skies[134]
- Partnerübung: Impuls geben in den Bauch(A), B gebeugt rückwärts, mit Drehungen (auf verschiedenen Ebenen)
- Dasselbe ohne Partnerimpuls (alle)

4. Musik 4: Black Hawk Down, Barra Barra[135]
- Nach Übung 3- Impulsen :"Aufgehängtsein" an Ellenbogen, verschiedene Varianten ausprobieren

5. Musik 5: Pink Floyd, Crazy Diamond[136]
- Impro: Alle verbinden die Übung "Schmetterling" oder „Hüpfender Ball" (siehe 2) mit den Übungen aus 3 und 4, also: Impuls rückwärts vorwärts oder seitwärts mit Drehungen auf verschiedenen Ebenen und „Aufgehängtsein"

---

[131] Siehe D Szenen, S. 70
[132] Siehe Anhang 3, S.144
[133] Siehe Anhang 3, S.139
[134] Siehe Anhang 3, S.138
[135] Siehe Anhang 3, S.143
[136] Siehe Anhang 3. S.138

6. Musik 6: Black Hawk Down (Filmmusik), Hunger[137]
 - Übungen mit Plastikplanen: sich darin verheddern, keine Luft kriegen, Tanz mit der Plane auf verschiedenen Ebenen
 - Gruppen- Vorführungen
7. Musik: Pink Floyd, Crazy Diamond[138]
 Vorherige Übungen (Nr.5 und Nr.6) mit neuer Musik ausprobieren

---

[137] Siehe Anhang 3, S.137
[138] Siehe Anhang 3, S.138

12. Choreographie 14. Szene (WPK 10)

Musik 1: Pink Floyd, Shine on you Crazy Diamond (Ausschnitt 3,46) und Shakespeare-Dialog[139]

Thema 1(Schläge): Alle taumeln, rollen nacheinander auf die Vorbühne, mit einer zusammengeknüllten durchsichtigen Plastikplane in der Hand, die sie auf den Boden fallen lassen, und nehmen eine „Hängehaltung" ein (an einem Ellenbogen aufgehängt), bewegen sich in dieser Haltung zur Bühnenmitte, bilden dort einen „Gruppen-Hängekreis", wobei sich jede/r langsam um sich selbst dreht:

T1
T2/3   Romeo taumelt von links hinter der Leinwand hervor zur Bühnenmitte.
T4/5   Romeo 2+3 taumeln von rechts und links über die hinteren Bühnenecken herein.
T6/7   Romeo 4+5 rollen von rechts und links der Bühnenseiten herein.
T8/9/10 Der Dealer schlendert von rechts, zur Bühnenmitte, schaut sich belustigt um, öffnet seine Jacke, in deren Innenseite viele Spritzen und Pülverchen stecken.
T11/12   Romeo 6+7 taumeln von rechts und links über die hinteren Bühnenecken herein. Der Dealer schlendert zur linken Seite.
T13/14   Romeo 8+9 taumeln, rollen von rechts und links der Bühnenseiten herein.
T15   Romeo 10+11 taumeln aus den hinteren Bühnenecken herein, der Dealer umrundet den Kreis der Romeos, öffnet seine Jacke.
T16   Romeo 12 rollt von der rechten Seite auf die Bühne.

Thema 2: (6 Takte Gitarrenthema, 8 Takte Keyboard-Thema):
1. Alle Romeos tanzen mit verschiedenen imaginierten Körperimpulsen mit der Vorstellung „Schmetterling" oder „hüpfender Ball" (siehe Hinführung Szene 14) in verschiedene Richtungen vorwärts, mit Drehungen und auf verschiedenen Raumebenen.
2. Mit imaginiertem Impuls im Bauch rennen alle gekrümmt rückwärts, auch in verschiedene Richtungen.
3. Alle nehmen die „Hängehaltung" (s.o.) ein und drehen sich langsam am Platz.

Dieser Ablauf wiederholt sich über die gesamten 14 Takte hinweg, wobei die Bewegungen 1,2 und 3 vermischt werden: einige beginnen mit Bewegung 1, andere mit Bewegung 2 und wieder

---
[139] Siehe Anhang 3, S. 138. Siehe auch D Szenen, S.70

andere mit Bewegung 3. Der Ablauf jedoch ist für alle gleich, die Bewegungsrichtungen und die Bewegungszeit bestimmt jeder selbst nach seinem Gefühl und mit Blick auf die Raumausnutzung und die Dynamik der Gruppe.

Der Dealer schlendert jedes Mal zu den Romeos, die gerade „hängen" und öffnet seine Jacke.

Thema 3 (Keyboard-Thema, 12 Takte) : Alle ergreifen eine Plastikplane, tanzen mit ihr am Platz: zunächst langsame Bewegungen auf allen drei Ebenen (oben, Mitte, Boden), die dann aber zunehmend hektischer werden(Verheddern in der Plane, Atemnot...).

Dabei läuft folgende Handlung ab:

T1-4   Pierrot stürzt herein, versucht Einzelne am Tanz mit der Plane zu hindern, erfolglos.

T5-8
+Text[140]   Romeo tanzt mit seiner Plane nach vorn, Pierrot versucht ihm die Plane zu entreißen, Romeo demonstriert mit seinem Planentanz den Text.

T9-12   Alle Romeos 2 bis 12 gehen zu Boden und rollen mit der Plane von der Bühne oder taumeln gebückt hinaus.

Der Dealer hat dem Tanz mit der Plane vom Bühnenrand aus zugesehen und geht Geld zählend quer über die Bühne ab.

Romeo stößt Pierrot zur Seite und taumelt hinter die Leinwand.

Pierrot bleibt hilflos stehen, öffnet dann traurig die Leinwand.

Musik 2: Preisner, Hauptmotiv aus „Die zwei Gesichter der Veronika"[141], Aubry, Prima Donna[142] (Ausschnitt), Aubry, Tanz der Ritter-Thema in „Pauvre Juliette"[143] und Shakespeare-Dialog[144]

1. Hauptmotiv aus „Die zwei Gesichter der Veronika" (6 Takte)
   Romeo liegt vor der Waldhütte.
2. Prima Donna, Thema 1 (8 Takte) + Shakespeare-Dialog
   Oma kommt von links hereingetanzt, verharrt entsetzt, als sie Romeo sieht. Sie zerrt an ihm, schüttelt ihn, reißt ihn hoch, interpretiert mit ihren Gesten den Amme-

---

[140] Shakespeare-Text bei D Szenen, S.70
[141] Siehe Anhang 3, S.136
[142] Siehe Anhang 3, S.141
[143] Siehe Anhang 3, S.137
[144] Siehe D Szenen, S. 71

Text.
3. Tanz der Ritter-Thema in „Pauvre Juliette" (16 Takte)
Julia stürzt von rechts herein, direkt in Romeos Arme. Sie zeigt nach hinten, wo offensichtlich Verfolger sind, zieht Romeo zum Mofa, doch Oma hastet hinterher, macht klar: Keine Flucht mit dem Mofa!
Sie stellt das Mofa wieder gegen den Baum. Julia bettelt, aber Oma zeigt auf die Waldhütte, bedeutet Romeo, dort einzutreten. Romeo geht zögernd näher und hinein, Julia folgt ihm, doch Oma hält sie zurück, Julia gibt ihr einen Kuss und geht in die Hütte. Oma geht seufzend und achselzuckend ab.

13. Choreographie 15. Szene (WPK 10)

Musik 1: Preisner, Die zwei Gesichter der Veronika, Hauptmotiv[145]
    (14 Takte und Fade Out)
    T 1-8: Zu sehen ist nur die geschlossene Waldhütte. Pierrot sitzt am Bühnenrand, zeigt auf die Hütte, seufzt, stützt den Kopf auf.
    T 9-14 Julia schaut durch den „Eingang", kommt heraus, reckt und streckt sich, öffnet die „Tür" (schlägt den Fallschirm hoch) und weckt Romeo zärtlich. Beide kommen innig umarmt heraus.

Song (Musik 2): Endless Love[146]
    Schon während des Songs nehmen einige der in Musik 3 Auftretenden ihre Plätze (versteckt) ein. Die Romeo- und Julia-DarstellerInnen choreographierten ihren live gesungenen Song selbst: keine großen Tanzbewegungen, aber Berührungen, Seitenwechsel, Zärtlichkeiten. Am Schluss ziehen sich Romeo und Julia wieder in die Waldhütte zurück. Der WPK 8 nimmt seine Plätze auf der Vorbühne ein, der WPK 10 auf der Bühne, seitlich der Bühne und im Zuschauerraum. Pierrot bleibt am Bühnenrand sitzen, kommentiert das Geschehen mit Gesten.

Musik 3: Loussier, Furies[147] **und Shakespeare-Dialog**[148]
    Während der WPK 8 den „Willst-du-schon-gehen-Dialog tanzt, jeweils mit Romeo-und-Julia-Paaren, kreist der WPK 10 als Romeo-Verfolger (rote Kostüme) und Julia-Verfolger (blaue Kostüme) die Paare ein (mit Taschenlampen).
    Im Folgenden wird nur die Choreographie des WPK 10 wiedergegeben.

---

[145] Siehe Anhang 3, S.136
[146] Siehe Anhang 3, S.139
[147] Siehe Anhang 3, S. 137
[148] Siehe D Szenen, S. 73

Aufstellung:

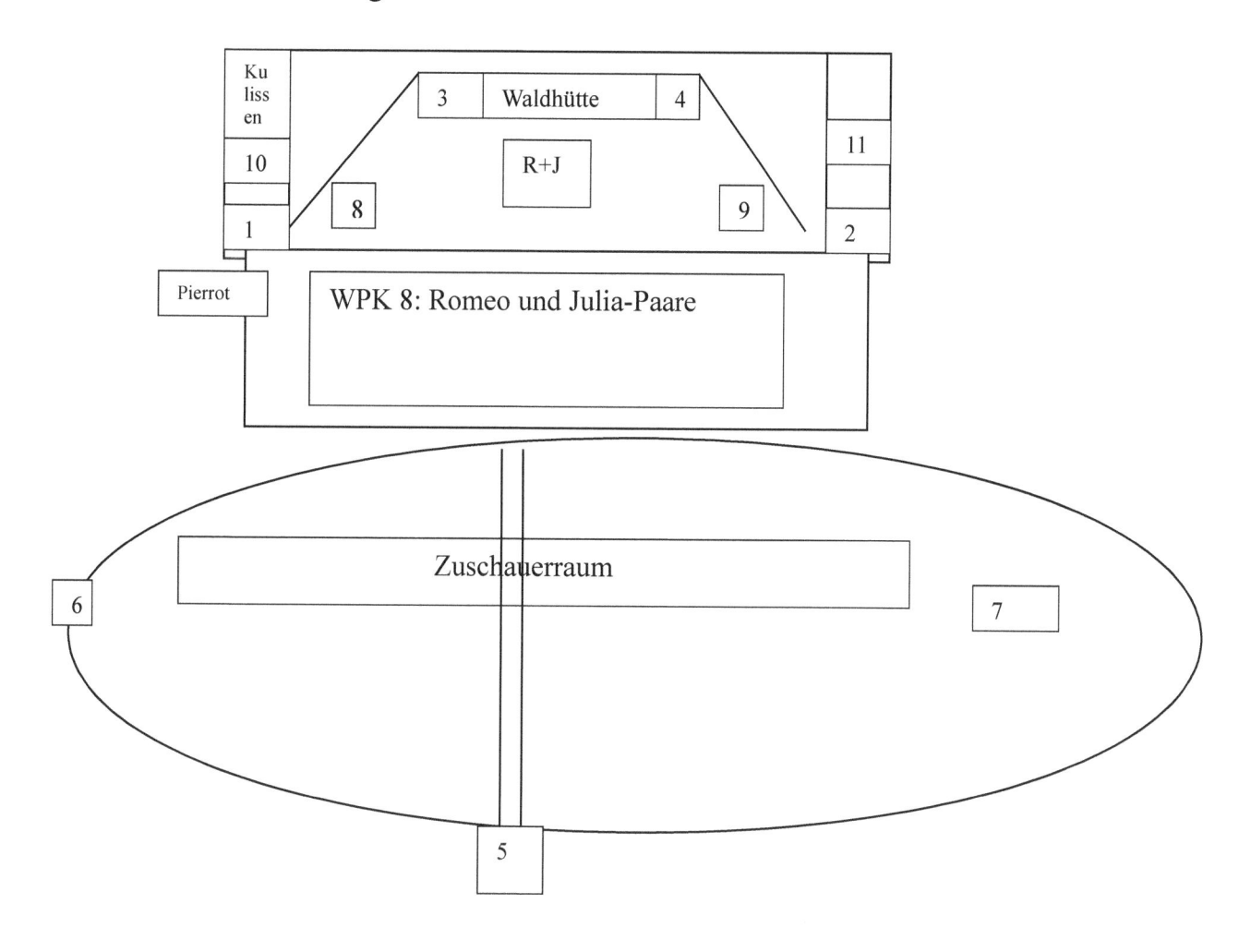

```
┌──────────────────────────────────────────────┐
│ Ku  │        ┌─3─ Waldhütte ─4─┐             │
│ liss│       /                    \           │
│ en  │      /      R+J             \         11│
│ 10  │     /                         \         │
│     │    / 8                       9 \        │
│  1  │                                    2   │
└──────────────────────────────────────────────┘
 ┌──────┐  ┌────────────────────────────────┐
 │Pierrot│  │ WPK 8: Romeo und Julia-Paare   │
 └──────┘  │                                │
           └────────────────────────────────┘

         ╭─────────────────────────────────╮
      ╱                                       ╲
   ╱         ┌─────────────────────┐             ╲
 ┌─┐         │    Zuschauerraum    │            ┌─┐
 │6│         │                     │            │7│
 └─┘         └─────────────────────┘            └─┘
   ╲                                           ╱
      ╲                                     ╱
         ╰─────────────┬───┬──────────────╯
                       │ 5 │
                       └───┘
```

Verfolger 1 (rot), Verfolger 2 (blau), Verfolger 3 (rot), Verfolger 4 (blau)
Verfolger 5 (blau)), Verfolger 6 (rot), Verfolger 7 (blau), Verfolger 8 (rot)
Verfolger 9 (blau), Verfolger 10 (rot)), Verfolger 11 (blau)

		Verfolger/Taschenl.	R.+J.
1. Julia:	Willst du schon gehen….		
	Es war die Nachtigall…	nichts	Romeo zum
	Sie war`s, die rief m		Sitz, küsst
	Nachts singt sie dort…		Julia, Julia
	Glaub mir,…		zieht ihn zurück.
2. Romeo:	Die Lerche war`s….		Romeo hoch
	Still schweigt…	Taschenl.1-4 an/aus	Julia hoch
	Ein Licht zerreißt…	Taschenl 5-8 an/aus	Romeo zeigt
	Ja, gehen heißt Leben…	Taschenl.9-11 an/aus	Romeo zurück zu Julia
3. Julia:	Das Licht dort ist…	nichts	Julia zieht R. an sich
	Ein Meteor…		Umarmung
	Drum bleib noch hier…		Umarmung

4. Romeo: Soll'n sie mich fangen… | Alle Taschenl. an/ kreisen | R. fasst Julias Kopf
Wenn du`s so willst… | nichts | R. küsst Julia Kuss
Das ist auch nicht der… | nichts |
Der dort gegen den… | Alle Taschenl. an/ kreisen | R. schaut sich um, erneuter Kuss
Mir ist das Bleiben…. | nichts | R. legt sich hin
Komm, Tod… | | R zieht J. zu sich

5. Julia: Jetzt wird es Tag… | 5, 6,7 vorwärts zur Bühne, andere kreisen mit Taschenl. | J. hoch
Jetzt kräht die Lerche. | | J. zieht R. hoch, zieht ihn aus der Hütte, umarmt ihn, stößt in dann von sich
Als sie einer komponiert.. |
Geh schnell, denn… |

6. Musik weiter ohne Text:

Takte	Taschenlampen	R+J-Paare	R+J
1-4	Alle schleichen (eigenes Gesicht angeleuchtet) zu folgender Aufstellung auf die Hauptbühne: 3-6-8-10-1-RJ-2-11-9-7-5-4	Angst-Freeze in Richtung Taschenlampen	angstvolle Umarmung
5-6	Alle leuchten R+J an	Paare weichen auf der Vor- bühne re und li zurück	a) Freeze b) zur Mitte der Vor- bühne
7-8	Alle leuchten die Paare re an, dann die Paare li	Angst-Freeze	Angst-Freeze
9-10	Alle leuchten ihre eigenen Gesichter von unten an	Neues Angst-Freeze	Neues Angst-Freeze
11-14	Alle stürmen vorwärts, die roten Verfolger treiben alle Romeos auf die rechte Seite der Vorbühne, die blauen Verfolger alle Julias auf die linke Seite	Sich am Partner festhalten, getrennt werden, Panik	wie Paare
15-18	Jeweils einen engen Kreis (mit ausgebreiteten Armen) um die Romeos und Julias bilden, sie umkreisen	Ganz eng eingepfercht, wilde Armbe- wegungen,	wie Paare

		Versuche, aus dem Kreis heraus- zukommen	
19-20	Freeze	Freeze	R+J brechen aus den Kreisen aus, rennen zum Mofa

7. Motorengeräusch

Freeze	Freeze	mit Mofa quer über die Hauptbühne nach re ab

8. Blackout. Knall

Ab li   Ab re

9. Spot auf Pierrot

Dieser schließt traurig die Schattenspielleinwand, kommt zurück, bleibt in der Mitte der Vorbühne stehen, Trauergeste. Blackout.

14. Hinführung zur 16. Szene/Epilog (alle Gruppen)[149]

- Alle Gruppen erproben „Trauergesten", die sie beim Gehen ausführen können und einigen sich auf drei bis vier Gesten, die sie wiederholend ausführen. (Zum Beispiel: Hände vorm Gesicht herunterziehen, Kopf auf die Schulter des Nachbarn legen, Kopf in die eigenen Hände legen, Kopf senken – Hände im Nacken verschränkt).

- Der WPK 10 erprobt außerdem das Hochheben und Tragen von einer Person mit vier bis fünf Leuten. Jede/r wird mal getragen- eine sehr kommunikative Übung!

- Die Romeo und Julia -DarstellerInnen der 16. Szene (WPK 10) improvisieren die „Traum-Schlussszene" mit der Musik von Scarborough Fair[150], erhalten Tipps von den anderen, verändern ihre Impros und erstellen eine eigene Choreographie.

- Pierrot (WPK 10) improvisiert seinen Schluss-Epilog-Tanz, erhält Anregungen von der Gruppe und findet seinen eigenen tänzerischen Ausdruck.

- Die Schlussszene wird in einer gemeinsamen Sonderprobe dann endgültig erarbeitet. Außer der 2. Szene ist dies die einzige Szene, in der alle Gruppen gemeinsam auf der Bühne sind – und der Ernst, mit dem alle SchülerInnen ihre Trauer tanzten, war überwältigend!

---

[149] Siehe D Szenen, S. 75/76
[150] Siehe Anhang 3, S.143

15. Choreographie 16. Szene/Epilog (alle Gruppen)[151]

Aufstellung:

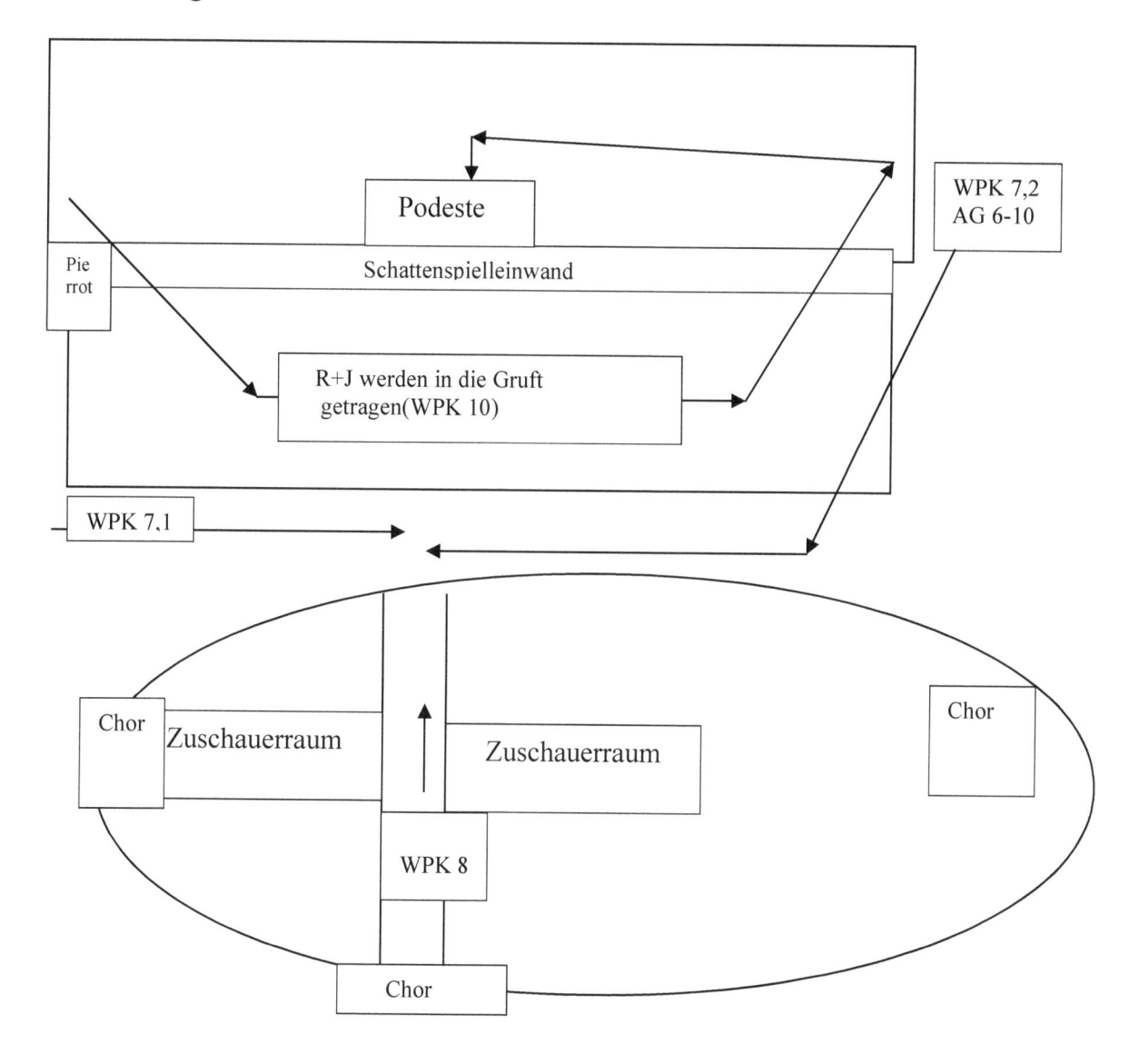

[Bühnendiagramm mit folgenden Elementen: Podeste, Schattenspielleinwand, Pierrot, R+J werden in die Gruft getragen (WPK 10), WPK 7,1, WPK 7,2 AG 6-10, Chor (3x), Zuschauerraum, WPK 8]

Musik: Preisner, Die zwei Gesichter der Veronika, Variationen des Hauptmotivs[152], Shakespeare-Dialog, Scarborough Fair

1.Veronika-Thema (4 Takte)
Die Gruppen kommen von allen Seiten (siehe Zeichnung) zur Bühne mit ihren jeweiligen Trauergesten, verteilen sich vor und neben der Bühne und im Mittelgang, einige sitzen, andere stehen, aber alle fahren die ganze Zeit mit ihren drei bis vier Trauerbewegungen fort, wobei sich Romeo-Gruppen (blau) und Julia-Gruppen (rot) vermischen.

---

[151] Siehe D Szenen, S. 75/76
[152] Siehe Anhang 3, S.136

127

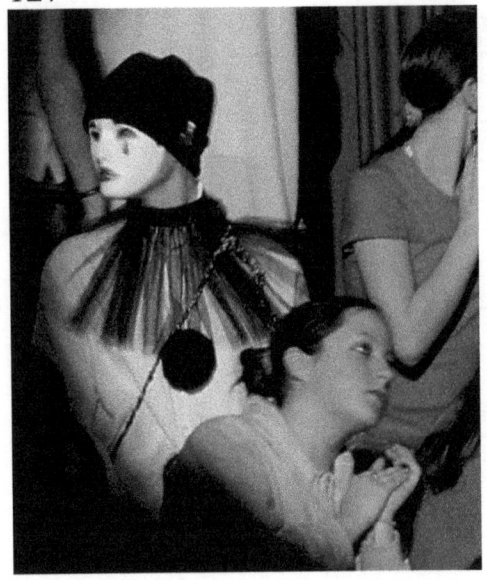

2. Veronika-Thema gesungen (16 Takte) und teilweise Shakespeare-Text
(Takt 13 – 16)
Romeo und Julia (heute) werden von jeweils fünf Personen von links nach rechts über die Vorbühne getragen, die Gruppen vor, neben der Bühne und im Mittelgang fahren mit ihren Trauergesten fort. Romeo und Julia werden rechts hinter die Schattenspielleinwand getragen und auf die Podeste gelegt (Schattenspiel). Auch die Schattenspieler beginnen mit ihren Trauergesten.
(Die historischen Romeo- und Julia - DarstellerInnen liegen verdeckt hinter den Podesten.) Pierrot geht zur Mitte der Vorbühne und tanzt den Shakespeare-Text (Vers 1-4)[153], setzt sich dann auf den Bühnenrand, den Kopf in die Hände gestützt-

---
[153] Siehe D Szenen, S. 76

3. Veronika-Thema Flöte (16 Takte), teilweise mit Shakespeare-Text
(Takt 3-4)
Pierrot steht auf und tanzt gestisch den Shakespeare-Text (Vers 5-6)[154], geht dann durch den Zuschauerraum ab.
Schattenlicht aus, die historischen Romeo- und Julia - DarstellerInnen tauschen die „Grabplätze" mit den heutigen. Alle Trauernden gehen mit ihren Trauergesten langsam ab (WPK 7,2 und AG 6-10 hinter den rechten Bühnenkulissen, WPK 7,1 und WPK 8 durch die linke Saaltür, WPK 10 hinter der Leinwand links).

4. Scarborough Fair[155] (trad.), vom Chor gesungen, 2 Strophen (Traumszene)
(zunächst Schattenspiel, rot, mit Doppelschatten)

1. Str.	T1-4	Die historischen Romeo und Julia erwachen : Kopf hoch, zueinander drehen, auf die Knie, Romeo küsst Julias Hand.
	T5-8	Romeo steht auf, zieht Julia hoch, beide legen die Hände aneinander, Romeo küsst Julia auf die Stirn.
	T9-12	Romeo zieht Julia zum Ende des Podests, hebt sie herunter, dreht sich mit ihr im Kreis (trägt sie dabei).
	T13-16	Er setzt Julia ab, Julia dreht unter seinem Arm (beide sind jetzt am rechten Ende der Schattenspielleinwand).

(Schattenspiel aus)

2. Str.	T1-4	Mit zwei Dreierschritten(Doubles) vor die Leinwand, Julia dreht mit zwei weiteren Doubles unter Romeos Arm zur Leinwandmitte.
	T5-8	Wie in Szene 1: zueinander, auseinander, Drehung[156]
	T9-12	Hände gefasst mit zwei Doubles vorwärts, dabei Arme schwenken, und mit 2 Doubles Drehung Julias unter Romeos Arm vorwärts bis zum Vorbühnenrand.
	T13-16	Mit Double-Schritten von der Bühne zum Mittelgang/ Zuschauerraum, Hände gefasst, Arme schwenkend.
Whlg.		
	T13-16	Mit Double-Schritten wie oben durch den Mittelgang.
Whlg.		
	T13-16	Mit Double-Schritten wie oben durch den Mittelgang.

---
[154] Siehe D Szenen, S. 76
[155] Siehe Anhang 3, S.143
[156] Siehe E Choreographie 1. Szene, S. 82/83

Wir haben über diese Schlussszene lange diskutiert und waren uns einig,
nach der Begräbnisszene stehen Julia und Romeo wieder auf!
Ihre Liebe geht über alle Grenzen…

F Tanzen Sie mit Ihren Schülerinnen!

Und wenn das für Sie überhaupt nicht möglich ist, unterstützen Sie Tanzprojekte Ihrer KollegInnen, mit Unterrichtsinhalten Ihres Faches zum jeweiligen Tanztheaterprojekt!

Dieses „Romeo- und Julia-Projekt" wurde an einer ganz „normalen" Haupt- und Realschule realisiert, von LehrerInnen, die von ihrer Ausbildung her wenig oder gar nichts mit Tanz zu tun hatten, ihn aber wichtig fanden (aus vielen Gründen)[157].

Unsere Erfahrungen sind wahrscheinlich Ihre: Im täglichen Unterrichtsalltag und – stress ist keine Zeit für anderes als den jeweiligen Unterrichtsinhalt. ABER EINGEBUNDEN IN EIN PROJEKT – gewinnen die fächerübergreifenden Inhalte plötzlich eine Dynamik, die Sie nicht für möglich halten.

**Also: Trauen Sie sich mehr zu als Sie denken!
Holen Sie den Tanz in die Schule - !**

- Sie können die Szenen, Unterrichtsstunden und Choreographien übernehmen und so einen erprobten Einstieg in Ihre Tanztheaterarbeit haben. Zwei zu dem Buch bestellbare CDs, die die gesamte Musik (und Sprechszenen) der in E dargestellten Unterrichtsstunden und Choreographien enthalten, erleichtern Ihnen die Musiksuche und den Musikzusammenschnitt.

- Oder Sie verändern die Romeo und Julia-Szenen, Ihrer Situation entsprechend, und nehmen einige Tipps dieses Buches auf.

- Oder Sie nehmen das Buch nur als Stimulus, um Ihr ganz eigenes fächerübergreifendes Tanzprojekt zu einem ganz anderen Thema zu machen.

---

[157] Siehe A S.1

Anhang 1

Literaturvorschläge

AISSEN-CREVITT, Meike: Praxis der tänzerischen Bewegung. Eine Anleitung für die Arbeit mit Kindern bis zu Senioren. Dortmund 2000

ARBEITSGRUPPE EVALUATION UND FORSCHUNG des Bundesverbandes Tanz in Schulen e.V.: Empirische Annäherungen an Tanz in Schulen. Oberhausen 2009

BARTHEL, Gitta / ARTUS, Hans-Gerd: Vom Tanz zur Choreographie. Gestaltungsprozesse in der Tanzpädagogik. Oberhausen 2007

BLELL, Bea: Tanztheater. Hessisches Landesinstitut für Pädagogik 1997

BLOM, Lynne Anne / CHAPLIN, L.Tarin: The Intimate Act of Choreography. Pittsburgh 1982

BLUM, Ronald: Die Kunst des Fügens. Tanztheaterimprovisation. Oberhausen 2004

BRUNS, Heike: „Am Anfang war Berührung". Kontaktimprovisation. Auswirkungen auf Körperbewusstsein, Bewegungsverhalten und musikalische Improvisation. Hamburg 2000

CARLEY, Jacalyn: Royston Maldoom – Community Dance. Jeder kann tanzen. Das Praxisbuch. Leipzig 2010

CISTECKI, Susanne: Tanze! Tanzideen für den Unterricht. Von den ersten Versuchen bis zur ausgereiften Gestaltung. Boppard am Rhein 2005

DEHARDE, Tai F.: Tanzimprovisation in der ästhetischen Erziehung. Bern 1978

FISCHER, Renate: Tanzen mit Kindern. Spielformen, Technik, Improvisation, Gestaltung. Kassel 1998

FLEISCHLE, Claudia: Tanzimprovisationen. Spiel mit der Bewegung. Zürich 1983

FREGE, Judith: Kreativer Kindertanz. Grundlagen, Methodik, Ziele. Berlin 2005

FRITSCH, Ursula: Tanzen. Ausdruck und Gestaltung. Reinbek 1985

GÜNTHER, Sybille: Hoppla! Hip-Hop 4 Kids. Mit Singen, Malen, Tanzen und Reimen Kinder von Kopf bis Fuß in Bewegung bringen. Münster 2007

HARRISON, Kate u. a.: Tolle Ideen. Tanz und Bewegung. Mülheim 1991

HASELBACH, Barbara: Improvisation – Tanz – Bewegung. Stuttgart 1979

HASELBACH, Barbara: Tanz und Bildende Kunst. Modelle zur Ästhetischen Erziehung. Stuttgart 1991

HUMPHREY, Doris: Die Kunst Tänze zu machen. Zur Choreographie des Modernen Tanzes. Wilhelmshaven 1999

ICKSTADT, Leanore: Dancing Heads – a hand- and footbook for creative/ contemporary dance with children and young people from 4 to 18 years. iUniverse 2007

KALTENBRUNNER, Thomas: Contact Improvisation. Mit einer Einführung in New Dance. Bewegen, Tanzen und sich begegnen. Aachen 1998

KAPPERT, Detlef: Kleines Handbuch für den Unterricht in Tanztheater. Tanzimprovisation und Körpersymbolik. Essen 2006

KRAUS, Anja (HG): Körperlichkeit in der Schule. Aktuelle Körperdiskurse und ihre Empirie. Band 1. Oberhausen 2008

LAMBERT, Friederike: Tanzimprovisation. Geschichte – Theorie – Verfahren – Vermittlung. Bielefeld 2007

MAHLER, Madeleine: Kreativer Tanz. Bern 1979

MAHLER, Madeleine: Tanz als Ausdruck und Erfahrung. Bern 1985

MEYERHOLZ, Ulrike / REICHLE-ERNST, Susi: Einfach lostanzen. Bern 1997

MÜLLER, Lina / SCHNEEWEIS, Katharina (HG): Tanz in Schulen. München 2006

MÜLLER, Renate: Rock- und Poptanz mit Kindern und Jugendlichen. Rocktanzspiele – Choreographien – Tanzprojekte. Regensburg 1992

NEUBER, Nils: Kreative Bewegungserziehung – Bewegungstheater. Aachen 2000

PRIESNER, Vroni: Bewegungsformeln. Tänze gestalten mit Kindern, Jugendlichen, Erwachsenen. Hersbruck 2005

REICHEL, Auguste: Tanz dich ganz. Kreativ tanzen und bewegen. Impulse für kreative Tanz- und Bewegungspädagogik und bewegte Gesundheitsbildung. Münster 1999

REICHEL, Gusti: Kreativ tanzen. Bewegungserfahrung und Ausdruckstanz. Ettlinger Verlag

ROOYACKERS, Paul: 100 kreative Tanzspiele für Kinder und Jugendliche. Kallmeyer 1996

SCHEER, Bettina / GULDEN, Elke: Musik-Stopp-Spiele. Bewegungsspaß in Kita und Schule. München 2007

STROH, Wolfgang Martin: Szenische Interpretation von Musik. Eine Anleitung zur Entwicklung von Spielkonzepten anhand ausgewählter Beispiele. Braunschweig, Paderborn, Darmstadt 2007

TOMANKE, Peter: Step by Step. Eine Tanzwerkstatt für die Schule. Klett

ZEDLITZ, Sanna: Auf der Bühne seid ihr Tänzer. Hinter den Kulissen von TanzZeit – Zeit für Tanz in Schulen. München 2009

Anhang 2

Arbeitsblatt :Praxisübungen Tanz - Warming-Ups und Impros – Unsortierte Vorschläge als Gedächtnisstütze bei der Vorbereitung von „Tanz-Stunden" oder als Anlass, noch mal in der Tanzliteratur einiges nachzulesen…

- Stops in Movement: Gruppe bewegt sich nach Musik, bei Stops: Partner-oder Gruppenimpros nach Ansage (je nach Intention: thematische, soziokulturelle, körperbildende, tänzerische Aufgaben)
- Blickwinkel-Gehen (nur das wahrnehmen, was im Blickwinkel ist) und Stops: Aufgaben, die einen tänzerischen Bezug zu einem Gegenstand, einer Person im Blickwinkel herstellen
- Spiel1: Folge einer Person, die du im Blickwinkel hast. Spiel 2: Weiche einer Person aus, hab sie niemals im Blickwinkel. Spiel 3: Behalt Person 1 im Blickwinkel und weiche gleichzeitig Person 2 aus. Spiel 4: Finde einen Platz, wo beides möglich ist
- Follow-The-Leader-Übungen: A gibt Bewegungsstrukturen/Raumwege für die Gruppe vor, die folgt – Kleingruppen/Großgruppen. Jede(r) ist mal A. Aufgaben für A variieren – je nach Intention.
- Zuneigungs-/Abneigungs-Impros: in der Gesamtgruppe, in Kleingruppen, bei Partner-Impros – Großes Thema „Begegnungen" – vielfältig realisierbar
- Stakkato- Übungen/Roboterspiele mit diversen Regeln (z.Bsp. als Partnerübung: Führe deinen Roboter mit den festgelegten Impulsen zum…! Oder als Trio-Übung: Führe deine zwei Roboter so, dass sie am Schluss Rücken an Rücken stehen… oder…)
- Slow-Motion-Übungen, z.Bsp. Spiegelübungen A und Großgruppe, Gruppe A und B, Partner. Diverse Aufgaben: z.Bsp Spiegelbild „morgens 6 Uhr" oder „Kampf" oder „Sehnsucht" oder…
- Slow Motion – Spiel „Mörder": Alle tanzen `blind`, ein sehender Mörder „mordet" durch Antippen, der „Ermordete" fällt in Slow Motion und wird dann auch zum Mörder… mit Variationen
- Nach Musik Linien malen, Linien tanzen
- Nach Musik Farben malen, Farben tanzen
- Partnerimpros nach Musik, aus allen Impros eine Sequenz für die Choreo übernehmen
- Blindübungen (PartnerIn führen mit Fingerspitzen, Hand vorm Gesicht, anderen Körperteilen), auch: Bildhauerspiele (der blinde Partner wird modelliert) – als Partnerspiel, als Gruppenspiel mit Themenvorgabe (z,Bsp Hochzeitsfoto)
- Blind nach Musik bewegen, auf Partner/Gruppe reagieren
- Contactimprovisationsübungen (Tragen, Balance, Übereinanderrollen …)

- Viereckenimpros: bei diversen Warming.Ups an vier Ecken Impros einbauen zu diversen Themen; z.Bsp. Statuen (Sommerschlussverkauf, Das entscheidende Tor, Eifersucht, Medienstar....), die Statue lebendig werden lassen...
- Bewegungen im Kreis weitergeben, auch mit Laut – größer werdnd, kleiner werdend, Bewegung verändern – als Weiterführung, als Reaktion
- Mit Materialien tanzen (Plastikplanen, Tüchern, Ballons, Taschenlampen etc,)
- Vertrauensübungen (Partner/Gruppe) – diverse Übungen (vor allem aus der Theaterpädagogik)
- Schnell-Langsam-Übungen (z.Bsp. Eine(r) in der Gruppe beginnt, andere folgen... oder reagieren...)
- Rund- Eckig-Gerade-Übungen –diverse Übungen bei Warming-Ups und Impros
- Einen Körperteil tanzen lassen, oder: ein Körperteil ist an der Decke aufgehängt
- Oder: Zwei Körperteile streiten sich, wer die Richtung angibt-
- Oder: Mit einem Körperteil den Raum anmalen-
- Oder: ein Körperteil ist magnetisch, zieht andere an, stößt andere ab (Partner-/Gruppenarbeit)
- Oder....
- Sich von Orten im Raum magnetisch angezogen/abgestoßen fühlen
- Sich auf extrem weitem/engen Raum bewegen
- Sich auf unterschiedlichen Raumebenen bewegen
- Spiel mit Gleichgewicht – durch Gleichgewichtsverlust in Bewegung kommen
- Eine Bewegung vergrößern/verkleinern
- Spiegelübungen – auch als „Vogelschwarm" (Gruppe spiegelt A`s Bewegungen synchron)
- Spiegelübungen – als Imitation, Kontrast, Variation, Dialog)
- Impuls-Übungen: A gibt Impuls an B (Kopf, Nacken...) B tanzt diesen Impuls ... etc,
- Marionetten-Übungen
- Magnet-Übungen; Hand von A bringt verschiedene Körperteile von B in Bewegung
- Den Raum im Gleichgewicht halten (Bild: Floß)
- Seltsame Bewegungsarten, z.Bsp. : nur ein Fuß und drei Hände dürfen sich fortbewegen!
- Atomspiele alle, zu zweit, zu dritt, zu elft – mit diversen Aufgaben
- Sich auf verschiedenem Untergrund bewegen: Wiese, Strand, Moor, Wasser...
- Instant Composition: Von Einzelbewegung zu Zweierbewegung zu Viererbewegung zur Gruppenchoreo ...
- Instant Composition: Variationen Tempi, Kraft....- Gefundene Bewegungsfolgen verändern -
- Ein Körperteil spricht italienisch, ein anderer norwegisch....
- Mein Körper stammelt, stottert ...

- Mein Körper ist eine große Oper ...
- Ich bin ein Scheinwerfer .... Eine Nachttischlampe...
- In der Bewegung mit verschiedenen Körperteilen den eigenen Namen schreiben
- Rhythmik-Übungen: Klatschen im Vierertakt, die 4 auslassen, die 3 auslassen, die 2 auslassen, die 1 auslassen, das Ganze als Sequenz.
- Obige Übung erweitern: in den Pausen eine Bewegung, einen Laut einbringen, dasselbe als Partnerübung, 2-Gruppenübung
- Obige Übung erweitern: Nur in den Pausen Klatschen oder Laut oder Bewegung, die anderen Zählzeiten spüren oder mit kleinen Schritten füllen
- Getragen werden (Lift), andere tragen

Eine sehr subjektive Auswahl an Bewegungsübungen, die beliebig fortsetzbar ist....Alle diese Übungen bieten eine Fülle von Bewegungsmaterial, das für Choreographien weiterentwickelt werden kann.

Anhang 3

ARBEITSBLATT:

Musikvorschläge für tänzerische Übungen und die Arbeit an „Romeo und Julia" (Eine sehr subjektive Auswahl!) Die Musiktitel liegen zum großen Teil per CDs für euch parat! Wählt aus, was ihr gebrauchen könnt oder findet eure eigene Musik!

Erste allgemeine Ideen zum Thema „Romeo und Julia"

Als durchgehendes Motiv: - Es waren zwei Königskinder (trad. und Variationen)
- Hauptmotiv(in verschiedenen Variationen) aus Preisner, „Die zwei Gesichter der Veronika"(Filmmusik) (Z. Preisner, La double vie de Veronique)

Prokofiev, Romeo and Juliet: Tanz der Ritter (Aggression, Kampf,..)
Der Befehl des Herzogs (Bedrohung)
Die Amme (Freunde, Geborgenheit)
Ankunft der Gäste (Familienszene)
Mercutio (Trotz, Überheblichkeit…)
Gavotte (Traditionen)
Die junge Julia (Heiterer Tagesbeginn..)
Einleitung zum 3.Akt (Bedrohung, Schicksal)
Volkstanz („Aus dem Rhythmus kommen, sich lösen")
Allgemeine Fröhlichkeit (Aggression und Beschwichtigung; Turbulenzen/auch Akrobaten)
Das Treffen von Tybalt und Mercutio (Aggression, Kampf)
Das Duell (Zweikämpfe
Finale (Tod)
Masken (Maskenspiel)

Tschaikowsky, Romeo und Julia: Anfangsmotiv (Leben, Straße, Haus)
    Kampfmotiv (5,16 – 6,39)
    Sehnsuchtsmotiv (7,13 – 10)
    Alle Motive am Schluss: Kampf
    11ff, Sehnsucht 12,14, Bedrohung/
    Kampf 15, Tod 17)
Emerson, Lake and Palmer, Black Moon, Nr.4: Romeo and Juliet
Leonard Bernstein, Westside Story: "Cool" und andere Themen, auch
    in anderen jazzigen Variationen
Shakespeare`s Romeo and Juliet, Music from the Motion Picture
Bellini, Oh, quanta volte", aus „Capulet and Montecchi"
Gounod, "Romeo and Juliet"
Delius, "Village Romeo and Juliette"
Aubry, Invite´sur la Terre, Nr.12: Pauvre Juliette
Berlioz, Romeo et Juliette
Ekseption, 3 Originals, Disk 1, Nr. 11-26: Beggar`s Julia`s time trip

Thema Bedrohung, Kampf, Spannung, Angst
Hans Zimmer, Black Hawk Down (Filmmusik):Nr.1: Hunger
    Nr.12:Tribal War
Jacques Loussier, Pagan Moon: Nr 1: Night Riders
    Nr.2: Furies (Bedrohung-Entspannung
    -Bedrohung)
Rene Aubry, Ne m`oublie pas: Nr.12: Simagees
Igor Strawinsky, Sacre du Printemps: Glorification de l`Elue
    Sage
    Introduction
    Evocation
    Feuervogel, Kastscheis Tanz
Ekseption, Air: CD1, Nr.17: Partita Nr.2 in C-Minor
Tomita, Firebird, Nr.1: Firebird Suite (Strawinsky)
    The Ravel Album, Nr.3: Bolero
    Pictures of an Exhibition, Nr.1: The Gnome
    Firebird, Nr.3: Night on Bare Mountain (Mussorgsky)
Holst, The Planets: diverse Titel
Eberhard Schoener, Spurensicherung (diverse Titel)
Modest Mussorgsky, Pictures of an Exhibition,Nr.2: Gnomus
    Nr. 8: The Hut of Baba Yaga
Karlheinz Stockhausen, Adventures in Sound, Nr.7: Studio II
Kitaro, Silver Cloud, Nr.7: Panorama
Gyorgy Ligeti, The Ligeti Project2, Nr.2: Athmospheres
    The Ligeti Project, Disk 1, Nr.11: Mysteries of the
    Macabre

Ennio Morricone, Spiel mir das Lied vom Tod (Filmmusik):
- L`Attento
- La Posada Nr.1
- La Posada Nr.2
- L`Ultimo Rantolo

John Cage, Music for prepared piano, Volume 2, Nr 11: Mysterious Adventure
- Nr. 1-6: The Perilous Night
- Nr.8: Daughters of the Lonesome Isle

Emerson, Lake and Palmer, The Return of the Manticore, Nr.5:
- Pictures at an Exhibition: The Gnome, The Sage, The Hut of Baba Yaga

Franz Liszt, Mephisto-Walzer

Alan Parsons Project, Tales of Mystery and Imagination- Edgar Allan Poe: diverse Tracks, besonders aber "The Fall of the House of Usher", Nr. 5

Peter Gabriel, Passion, Nr.9: Troubled

Romeo + Juliet, Music from the Motion Picture, Nr. 2: Local God

Thema Harmonie, Schönheit, Sehnsucht, Liebe

Deuter, Cicada, Nr 1: From here to here
- Nr.2: Light

Tony Scott, Music for Meditation: diverse Tracks

Brian Eno, Music for Airports: diverse Tracks

Kitaro, Silk Road 1: Nr.1: Silk Road
- Best of Silk Road, Nr.1: Theme from Silk Road
- Silk Road Suite, Nr.13: Sunset (gut für Paarübungen/ 2-Gruppen-Übungen)
- Silver Cloud, Nr.1: Earth Born,
- Nr.2: Flying Cloud (Trios, Dreiergruppen!)
- Nr.6: Return to Russia
- Live in America, Nr. 9: Cosmic Love

Ekseption, 3 Originals, Air (Bach)

Klaus Schulze, Timewind, Nr.1,Anfang: Bayreuth Return

Maurice Ravel, Daphne et Chloe (Gesamtaufnahme), Nr. 20: Sunrise

Tomita, Snowflakes are Dancing,(Debussy) Nr.1: Snowflakes
- Nr.2: Reverie
- Greatest Hits, Vol.2, Nr.2: The Sea named Solaris (Bach)
- Kosmos, Nr. 6: Solveigs Lied (Grieg)

Roncalli, 25 Jahre Roncalli, Disk 2, Nr.17: Winter Dreams
- Commedia del Arte, Nr.8: Yo-Yo

Edvard Grieg, Lyrische Stücke, Nr.3: Schmetterling

Tschaikowsky, Nussknacker.Suite: Blumenwalzer, Arabischer Tanz

Schwanensee: Nr.5: Danse Hongroise
Pink Floyd, Shine on You Crazy Diamond, Disk 1, Nr.1: Shine on…
Jacques Loussier, Pagan Moon, Nr.3: Moonchild
Nr.5: Phantom Lady
Satie, Gymnopedies, Gnossiennes, Sarabandes,Nr.8: Gnossienne 2
Nr.10: Gnossienne 4
Nr.11: Gnossienne 5
Mozart, Eine Kleine Nachtmusik, 2. Satz
Peter Green, In the Skies, Nr 1: In the Skies (u.a.)
Sigi Schwab, Meditation 1, Nr. 2: Gesang der Erde
Piazolla, Libertango, Nr.1: Libertango
John Cage, In a Landscape, Nr.1: In a Landscape
Peter Gabriel, Passion, Nr.12: With my love
Gotan Project, La Revancha del Tango, Nr.10: Vuelvo Al Sur
Nr.5: Santa Maria
Rene´Aubry, Plaisirs D`Amour, Nr.10: Lungomare
2046 (Soundtrack), Nr. 8: Polonaise
Romeo an Juliet-Soundtrack, Nr.5: Kissing you (Des`ree)
Lionel Ritchie, Diana Ross, Endless Love (Me and You-Duetts)
Lionel Ritchie, Encore live at Wembley, Nr 1: Hello
Mariah Carey, Greatest Hits, Nr.2: Love takes time
Nr.5: Emotions
Nr.1`S, Nr.17: Without you
Alicia Keys, Unplugged, Nr.8: If I ain`t got you
Aretha Franklin, Greatest Hits, Nr. 3: I say a little prayer
I never loved a man the way I loved you, Nr.9:
Do right man – do right woman
Respect, Nr.21: Share your love with me

Whitney Houston, The Ultimate Collection, Nr.1: I always will love
you
Sibelius/Grieg, Peer Gynt - Suiten 1,2, Valse Triste, Finlandia (Berliner
Philharmoniker),Nr 8: Solveigs Song
Nr.14: Valse Triste
Grieg, Peer Gynt Suiten 1,2: Nr.1: Morgenstimmung
Naidoo+Söhne Mannheims, Wettsingen in Schwetzingen,CD2, Nr.11:
Ich kenne nichts
Willy de Ville, Live at Montreux, Nr. 12: Heaven stood still
Laith Al-Deen, Für alle, Nr.13, Das weiß ich
John Lennon and the Plastic Ono Band, Nr 7: Love
Tomita, Greatest Hits, Nr.10: Pachelbel-Kanon
Schönherz und Fleer, Rilke Projekt, Nr. 12: Bis wohin reicht mein
Leben
Silbermond, Das Beste (Sinfonieversion Nr.2)

Chopin, Nocturne Es-Dur
Haydn, Serenade Op.3
17 Hippies, Ifni, Nr.7: Karsimalas

Thema Puppen, Marionetten, Roboter
Tschaikowsky, Nussknacker-Suite, Tanz der Zuckerfee
Alan Parsons Project, I Robot, Nr.1: Robot
Konstantin Wecker, Harmonika
Georg Pommer, Circusmusik Roncalli, Nr 2: Die Chinesische Mandel
Mouse On Mars, niun niggun, Nr.3: Pinwheel Hermann
Rene´Aubry, Ne m`oublie pas, Nr.1: Ne m´oublie pas
                             Nr. 11: Solletico
Kraftwerk, Die Mensch-Maschine, Nr.1: Die Roboter
Bela Bartok, Der holzgeschnitzte Prinz, Nr. 8, Dance of the Princess
                                        with the Wooden Doll

Igor Strawinsky, Petruschka: Im Zimmer von Petruschka
Trio, Da-da-da, Nr.1: Da-da-da
Die fabelhafte Welt der Amelie, Soundtrack, La Redecouverte

Thema Clowneskes
Sky 2, Nr. 5: Tuba Smarties
Beethoven, Klassik for Kids, Nr 20: Die Wut über den verlorenen
                 Groschen
Leopold Mozart, Kindersinfonie/Bauernhochzeit, Nr.5: Menuett
                                     Nr.13: Marsch
Camille Saint Saens, Karneval der Tiere: Schildkrötenballett
                               Elefanten
                               Person mit langen Ohren
                               Pianisten
                               Schwan
Flairck, Gold, Alive, Nr.5, Disk 2: Circus
Tomita, Bilder einer Ausstellung : Ballett der Küchlein in ihren
                         Eierschalen
       Kosmos, Nr. 7: Hora staccato
Hermann van Veen, Die seltsamen Abenteuer, Nr. 1: Türen
                                        Nr. 8: Spiegel
                                        Nr.12: Das woll`n wir
                                               doch mal seh`n

25 Jahre Circus Roncalli: Disk 1, Nr. 1: Dai Allegri Musicanti
                                  Nr. 5: Xylophone Gallop
                                  Nr.11: Champagne Rag
                                  Nr.14: Hippopotamus on the Road

Disk 2, Nr. 2: Three Little Pierrots
Nr.11; Clowns Einmarsch
George Pommer, Commedia del Arte (Roncalli), Nr. 1: Peter, the Dwarf
Nr.8: Yoyo
Linksradikales Blasorchester, 1976 – 1981,Disk 1, Nr.2: Begleitung
Nr.7: Circa
Donizetti, Romanza (Una furtiva lagrima), Das große Opern Wunsch-Konzert, Disk 2, Nr.7
Mouse on Mars, niun niggung, Nr.8: Albion Rose
Aubry, Plaisirs d`Amour,Nr.9: Prima Donna
Ne m`oublie pas, Nr.1: Ne m`oublie pas
Die fabelhafte Welt der Amelie, Soundtrack, Nr. 15: Soir de fete
Strawinsky, Piano Music, Nr.8: Rag Time
Tomita, Greatest Hits, Nr.10: Golliwogs Cakewalk
Different Dimensions, Nr.4: Ballet of the Chicks in their Shells

Thema Hektik, Flucht, Kampf...
Ekseption, 3 Originals, Disk 2, Nr.1: Peace Planet
Dave Brubeck, Blue Rondo (Bach to Brubeck, Nr. 11)
Pink Floyd, The Dark Side of the Moon, Nr.2: On the Run
Emerson, Lake and Palmer, Pictures at an Exhibition, Nr.8+9:
Baba Yaga
Gnomus
Aubry, Ne m`oublie pas, Nr.9: Les Bals des Patineux
Nr.12: Simagees
Steppe, Nr.1: Steppe
Sculthorpe, Risoluto aus „5 Sätze für Streichquartett"
Mussorgsky, Orchesterwerke, Nr.6: Nacht auf dem kahlen Berge
Hans Zimmer, Black Hawk Down, Nr.12: Tribal War

Thema Trauer...
Strawinsky, Le Sacre du Printemps, Action Rituelle des Ancetres
Mahler, Teile der 1. Sinfonie
Mussorgsky, Bilder einer Ausstellung: Ochsenkarren (Bydlo)
Katakomben
Ekseption, Selected Ekseption, Nr.4: Have a mercy on me
Tomita, Kosmos, Nr. 6: Solveigs Song
Different Dimensions, Nr.8: Valse Triste
Albinoni, Adagio, Nr.1: Adagio in G-minor
Satie, 3 Gymnopedies, Nr.2: 2. Gymnopedie
Gymnepodies et Gnossiennes: Gnossienne Nr.2,4,5,12

Beethoven, 5. Sinfonie, Adagietto
Bach, Air, in diversen Versionen, u.a. Paul Horn….
Gary Moore, Still got the Blues, Nr 4: Still got the Blues
                              Nr.9: Midnight Blues
Hans Zimmer, Black Hawk Down, Nr.1: Hunger

Einige Vorschläge für bestimmte Tanzübungen

Spiegelbilder/Blind-Führen/ Slow-Motion-Übungen etc.
Black Hawk Down/Soundtrack/H.Zimmer Nr.10: Ashes to Ashes
                                      Nr.6 : Mogadishu Blues
Matmos, Quasi Objects, Nr. 4
Aubry, Plaisirs d`amour, Nr. 2: Trou de Memoire
                Nr. 10: Lungomare
                Nr. 7: Demie Lune
                Nr.13: Flow
Zamfir, Past Time Visions und viele andere Titel
Meditation –Musik zur Ruhe, Disk 3, Nr.2: Horizont, Oceanus
Mari Boine, Eagle Brother, Nr.7: Eagle Brother
Johann Sebastian Bach, Air (auch in verschiedenen Adaptionen)
John Cage, In a landscape, Nr.1: In a landscape
Mozart/Pärt, Nr.6: Für Alina
Gershwin, Prelude Nr.2 (Gershwin, Rhapsody in Blue, 3 Preludes
                for Piano)
Peter Gabriel, Passion, Nr.1: The feeling begins
                        Nr.12: With this love
                        Nr.21; Bread and Wine
Gotan Project, La Revancha del Tango, Nr. 10: Vuelvo al Sur
Peter Green, Legend, Nr. 8: In the Skies
                      Nr.10: Bandit
John Mayall, Live 1969, Nr.8+9: I´m gonna fight for you J.B.
                Two trains running (oft für Slow-Motion-Übungen
                        eingesetzt, fantastisch auch für
                        Slow Motion-Mörderspiel,
                        Bewegungs- und Laute-Weitergabe
                        im Kreis (+Veränderung/Antwort)
                        etc.)
Dead Can Dance, Wake, Best of, Disc 2, Nr.7: Song of the Nile

Gruppenskulptur/Vogelschwarm/Echo-Übungen etc.
Mouse on Mars, niun niggung, Nr.7: gogonal
                              Nr.9: mompou

Nr.11: wald
Rene Aubry, Plaisirs d`amour, Nr-9: Prima Donna
Ne m`oublie pas, Nr.1: Ne m`oublie pas
Nr 4; Mimi et Fredo
Gotan Project, La Revanche del Tango, Nr.8: Last Tango in Paris
Black Hawk Down/Soundtrack, Nr.9: Of the Earth
Ulrike Meyerholz/Susi Reichel Ernst, Einfach lostanzen, Begleit-CD:
Echo/Papagei

Frei bewegen, Follow the Leader-Übungen etc.
Brent Lewis, Drum Sex: Dinner at the sugarbush
Miriam Makeba, Pata Pata, Nr. 1: Pata Pata
Fats Waller, S´Posin
Glenn Miller, The Best of Glenn Miller, Disc 1, Nr.16: I got rhythm
Disc 2, Nr.2: Chattanooga Choo Choo
Dynamic Dancing, The Power of Movement, Nr.1: Rain Dance
Nr.5: Passion and Power
Dead Can Dance, The Serpent`s Egg, Nr.9: Mother Tongue
Black Hawk Down/Soundtrack, Nr.1: Barra Barra
Nr.8: Bakara
Gabrielle Roth, Initiation, Nr.7: Initiation
James Asher, Feet in the Soil, Nr.5: Send in the Drums
Alan Parsons Project, Eye in the Sky, Nr 1: Sirius,
Nr.8: Mammagamma

Augenkontakt-Übungen/Körperteile führen…etc
Gabrielle Roth, Luna, Nr.2: Persephone`s Song
Gotan Project, La Revancha del Tango, Nr.10: Vuelvo al Sur

Einige Vorschläge für bestimmte „Romeo und Julia"-Szenen (unsere Szenenabfolge betreffend)
Szene 1/1. Musik: Hauptmotiv aus „Die zwei Gesichter der Veronika"
(Preisner)(Siehe S. 140)
/2. Musik: Simon and Garfunkel, A Tribute to America, Nr. 6:
Scarborough Fair
Karl Heinz Taubert, Heart`s Ease (Höfische
Tänze/Kontratänze aus England, Nr.14)
Szene 2: Romeo and Juliet, Music from the Motion Picture, Nr.2: Local
Hero
Prokofiev, Romeo und Julia, Tanz der Ritter
Jamilia, Superstar –the Hits, Nr.1: Superstar
Scissors Sisters, Ta-Dah, Nr.1: I don`t feel like dancing

Revolverhelden, Special Edition, Nr.8:Arme hoch
Szene 3/2. Musik: 2.Hauptmotiv aus "Die zwei Gesichter der
Veronika (Preisner) (Siehe S. 135)
3/3. Musik: Advanced Chemistry, von Advanced Chemistry, Nr.2:
Fremd im eigenen Land
Szene 4/1. Musik: Simarik (Single) von Tarkan
4/7. Musik: Halay, Kurdischer Tanz (Halay Tüm Yöresel Türkeler)
Szene 5/1. Musik: Preisner, Die zwei Gesichter…(Siehe S. 140)
5/2. Musik: Emerson, Lake and Palmer, The Return of the Manticore,
Nr.5: Pictures at an Exhibition: The Gnome
Szene 5/3. Musik: 1.Aubry, Ne m`oublie pas, Nr.1: Ne m`oublie pas
2.Romeo and Juliet, Music from the Motion Picture, Nr.9:
Everybody`s Free
3.Gloria Gaynor, I am what I am, Nr.1:I am what I am
Szene 6: 1.Mouse on Mars, niun niggun, Nr 3: Pinwheel Herman
2.Tomita, Pictures at an Exhibition, Nr 9: Ballett der
Küchlein, Nr. 13: Die Hütte der Baba Yaga,
Nr.6: Tuileries
Szene 7/3. Musik: Halay Tüm Yöresel Türküler (Box-Set, Various Artists)
Szene 8/2. Musik: 1.Romeo and Juliet, Music from the Motion Picture, Nr.3:
Angel
2.Gotan Project,La Revancha del Tango, Nr.10,Vuelva
al Sur
3.2046 Soundtrack, Nr.1: Polonaise 2046
4.Romeo and Juliet, Music from the Motion Pictures, Nr.5:
Kissing you/instr.
5.Deuter, Cicada, Nr.1:From here to here
6.Richie/Ross, Endless Love (Siehe S. 138)
7.Carey/Vandrosse, Endless Love (Siehe S.138)
8.Richie, Hello (Siehe S. 138)
9.Carey, Emotions (Siehe S. 138)
10.Franklin, Say a little Prayer (Siehe S. 138)
11.Houston, For the Love of you (Siehe S. 138)
12.Lennon, Love (Siehe S. 138)
Szene 9: Aubry, Plaisirs d`Armour, Nr.9:Prima Donna
Szene 10/2. Musik:1. Aubry, Plaisirs d`Armour, Nr 7: Demie Lune
/ 3. Musik:2. Aubry, Plaisirs d`Armour, Nr.10: Lungomare
3. Carey, Without you (Siehe S. 138)
4. Carey, Love takes time (Siehe S. 138)
5. Houston, For the Love of you (Siehe S. 138)
6. Franklin, Do right Woman (Siehe S. 138)
7. Mozart, Klavierkonzert Nr 21: 2.Andante
/5. Musik: Gloria Gaynor, I am what I am, Nr.8: The Heat is on
Szene 11/1. Musik: De Randfichten, Best of, Nr.1: Lebt denn der alte Holzmichel

noch
/2. Musik: Jim Steinmann, 10 Jahre Tanz der Vampire, Nr.13: Ewigkeit
Szene 12/1. Musik: Aubry, Ne m`oublie pas, Nr.12: Simagees
/2. Musik: Prokofiev, Romeo und Julia, Tanz der Ritter-Ausschnitte
/3. Musik: 1. Prokofiev, Romeo and Juliet, Finale
2. Lil Jon and the Eastside Boys, Crunk Juice (UK Import), Nr. 5, Let`s go
Szene 13: 1. Peter Gabriel, Passion, Nr.9:,Troubled
2. Schönherz und Fleer, Rilke Projekt, Nr.12: Bis wohin reicht mein Leben
3. Tomita, Pictures at an Exhibition, Nr.7: Bydlo
Szene 14/1. Musik: 1. Loussier, Pagan Moon, Nr.1: Night Riders
2. Strawinsky, Le sacre du printemps, Glorification de L`Elue
/2. Musik: Pink Floyd, Wish you were here, Shine on you Crazy Diamond
Szene 15/2. Musik: 1. Alan Parsons Project, Tales of Mystery and Imagination, Nr.9: Pavane . Nr 10: Fall
2. Loussier, Pagan Moon, Nr.2: Furies
Szene 16: Preisner, Die zwei Gesichter der Veronika, verschiedene Hauptmotiv-Versionen(Siehe S.140)
Scarborough Fair (Siehe 1. Szene, S. 148)

Anhang 4

Filme zum Thema „Romeo und Julia" und „Tanz"(auf dem Büchertisch)

- Romeo und Julia, 1968, Regisseur Zeferelli- Olivia Hussey, Leonard Whiting, Milo O`Shea (DVD)
- Shakespeares Romeo und Julia, DVD 2001- Leonardo DiCaprio, Claire Danes, Brian Dennehy
- Romeo und Julia – die größte Liebesgeschichte aller Zeiten, VHS, Zeichentrickfilm
- Romeo und Julia, The Royal Ballet – Margot Fonteyn, Rudolf Nurejew, DVD, 1968
- Sergei Prokofiev, Romeo und Julia, Paris Opera Ballet, DVD, 2001
- Romeo und Julia – Was hat das mit uns zu tun? DVD, 2005
- Westside Story – Natalie Wood, Richard Beymer, Russ Temblyn, DVD
- Rhythm is it! /3 Disc Collector`s Edition, Royston Maldoom, Simon Rattle, DVD, 2004
- Stomp – Rhythms of the world, DVD, 2006
- 10 Jahre Whirlschool Bremen, DVD, 2007
- Poptanz in der Schule, Bettina Oehligschläger, hg. AFS 1998, VHS
- Hiphop für Kinder, Doris Gröblacher, VHS
- Dancetime! 300 years of social dance, Volume 2:20th century,VHS
- Tänze der Renaissance, Alta Danza/Hamburg, Privat-DVDs

Anhang 5
Arbeitsblatt (Beispiel für eine Rollen-Wunschliste)
Rollen-Wunschliste für die vom WPK 10 übernommenen Szenen
Tragt euren Namen hinter den von euch gewünschten Rollen ein. Da ihr alle mehrere Rollen übernehmt (außer Romeo/heute, Julia/heute und Pierrot) tragt euch bitte für bis zu 5 Rollen ein!

1. Julia/heute (Szene 1,2,8,9,10,12,14,15,16)
2. Julia/historisch (Szene 1,16)
3. Romeo/heute (Szene 2,7,8,9,10,12,14,15,16)
4. Romeo/historisch (Szene 1,16)
5. Pierrot (Szene 1,5,8,9,10,12,14,15,16)
6. Lady Capulet/Julias Mutter/historisch (Szene 1)
7. Capulet/Julias Vater/historisch (Szene 1)
8. Amme/historisch (Szene 1)
9. Oma/heute (Szene 9,10,14,16)
10. Mercutio/Romeos Freund/historisch (Szene 1)
11. Mercutio/heute (Szene 2, 12)
12. Benvolio/Romeos Freund/historisch (Szene 1)
13. Benvolio/heute (Szene 2, 12, 16)
14. Tybalt/Julias Bruder/historisch (Szene 1)
15. Tybalt/heute (Szene 2, 9, 12)
16. 2 weitere Freunde Romeos/historisch (Szene 1)
17. Sirdan/Romeos Schwester/heute (Szene 2, 12, 16)
18. Rosalie/Romeos 1.vergebliche Liebe/heute (Szene 2,12,16)
19. 2 Freundinnen Romeos/heute (Szene 2,12,16)
20. 3 Freundinnen Tybalts/heute (Szene 2, 12, 16)

Für 4 Szenen brauchen wir euch (fast) alle, unabhängig von Rollen:
1. Szene 10/Balkon/Schwarzlichttanz (alle außer Romeo/heute, Julia/heute, Pierrot, Oma)
2. Szene 13/Hass (alle Mädchen als Julias)
3. Szene 14/Flucht (alle außer Romeo/heute, Julia/heute, Pierrot)
4. Szene 15/Verfolger (alle außer Romeo/heute, Julia/heute, Pierrot

Die zu dem Buch bestellbare CD enthält alle Musik-/Sprechszenen der in E vorgestellten Choreografien und Unterrichtsstunden

A Musik zu den Choreografien

1.- Szene 01: a) Preisner, Die zwei Gesichter der Veronika, Hauptmotiv 1+Shakespearetext (1,30)/Filmmusik The double life of Veronique
   b) Simon and Garfunkel, Scarborough Fair/Ausschnitt(2,59)/ A Tribute to America
   = 4,29

2.- Szene 02,1: Prokofiev, Tanz der Ritter/Ausschnitt (0,44)/Prokofiev, Romeo und Julia, San Francisco Symphony
   = 0,48

3.- Szene 02,2: a) Prokofiev, Tanz der Ritter/Ausschnitt (0,41)/s.o.
   b) Revolverhelden, Hände hoch/Ausschnitt (1,61)/ Special Edition
   c) Aubry, Pauvre Juliette/Ausschnitt (0,26)/Invite`sur la terre
   d) Prokofiev, Tanz der Ritter/Ausschnitt (0,20)/s.o.
   e) Prokofiev, Die junge Julia/Ausschnitt (0,44)/s.o.
   f) Prokofiev, Tanz der Ritter/Ausschnitt (0,43)/s.o.
   = 3,19

4.- Szene 02,3: a) Prokofiev, Tanz der Ritter/Ausschnitt (2,07)/s.o.
   b) Prokofiev, Die junge Julia/Ausschnitt (0,44)/s.o.
   c) Prokofiev, Tanz der Ritter/Ausschnitt (0,43)
   = 3,45

5.- Szene 07,08,Anfang 09: a) Halay Tüm Yöresel Türküler/Ausschnitt (0,03)/Box Set Various Artists
   b) Preisner, Die zwei Gesichter der Veronika, Hauptmotiv 1+Text (0,46)/s.o.
   c) Des`ree, Kissing you, Instrumentalmix (2,29)/Shakespeare`s Romeo und Julia, Music from the motion picture
   d) Halay s.o./Ausschnitt (0,17)/ s.o.
   e) Prokofiev, Finale/Ausschnitt (0,20)
   = 7,12

6.- Szene 09: Aubry, Prima Donna (3,11)/Plaisirs d`amour
   = 3,11

7.- Szene 10,1: Mozart, Klavierkonzert Nr.21, Andante+Text (7,26)
   = 7,26
8. - Szene 10,2: Gaynor, The heat is on/Ausschnitt (2,16)/I am what I am
   = 2,16
9.- Szene 10,3: Preisner, Die zwei Gesichter der Veronika, Hauptmotiv 1+Text (1,28)/s.o.
   = 1,28
10.- Szene 10,4: Aubry, Prima Donna/Ausschnitt (1,25)
   = 1,25
11.- Szene 12,1: a) Aubry, Simagees/Ausschnitt (1,25)/Ne m'oublie pas
   b) Prokofiev, Tanz der Ritter/Ausschnitt (0,44)/s.o.
   c) Prokofiev, Finale/Ausschnitt (0,14)/s.o.
   d) Prokofiev, Das Treffen von Tybalt und Mercutio/Ausschnitt (3,07)/s.o.
   = 5,26
12.- Szene 12,2: a) Lil Jon and the Eastside Boys, Let's go/Ausschnitt (1,04)/Crunk Juice
   b) Prokofiev, Das Treffen von Tybalt und Mercutio +Text/Ausschnitt (0,36)/s.o.
   c) Prokofiev, Finale/Ausschnitt (0,39)/s.o.
   d) Preisner, Die zwei Gesichter der Veronika/Ausschnitt (0,10)/s.o.
   e) Prokofiev, Die junge Julia/Ausschnitt (0,6)/s.o.
   f) Prokofiev, Finale /Ausschnitt (0,25)
   = 3,03
13.- Szene 13,1: Es waren zwei Königskinder/Ausschnitt (1,30) /Eigenproduktion
   = 1,30
14.- Szene 13,2: Schrei „Juliet" (0,09)/ Film Romeo und Julia/Di Caprio
   = 0,09
15.- Szene 14: a) Pink Floyd, Shine on you crazy diamond/Ausschnitt (3,42)/Wish you were here
   b) Preisner, Die zwei Gesichter der Veronika/Hauptmotiv 1 (0,37)/s.o.
   c) Aubry, Prima Donna + Text/Ausschnitt (0,32)/s.o.
   d) Aubry, Pauvre Juliette/Ausschnitt (0,39)/s.o.
   e) Preisner, Die zwei Gesichter der Veronika, Hauptmotiv 1 (1,25)
   = 6,58
16.- Szene 15,1: Richie/Ross, Endless love (3,09)/Me and you duets
   = 3,09
17.- Szene 15,2: Loussier, Furies + Text/Ausschnitt (3,40)/Pagan Moon
   = 3,40

18.- Szene 16: a)Preisner, Die zwei Gesichter der Veronika, Hauptmotiv 1
+Text (2,49)/s.o.
b)Simon and Garfunkel, Scarborough Fair/Ausschnitt
(1,15)/s.o.
=4,09

Gesamtlänge 60,43
CD bestellbar bei der Autorin (gesmorra@web.de), Preis:10E

B. Musik zu den Unterichtsstunden

1. Zu Szene 1:Brent Lewis, Dinner at the Sugarbush/Drumsex (5,17)
2. Zu Szene 1:Everyclear, Local God/Shakespeare`s Romeo und Julia, Music from the motion picture (3,58)
3. Zu Szene 1:Mouse on Mars, Pinwheel Herman/Niun Niggun (4,48)
4. Zu Szene 1:Grieg, Solveigs Lied/Peer Gynt Suite, Nr.2,Op.55 (6,09)
5. Zu Szene 1+8:Aubry, Lungomare/Plaisiers d`amour (2,18)
6. Zu Szene 1:Mouse on Mars, Albion Rose/Niun Niggun (3,33)
7. Zu Szene 1:Gabrielle Roth, Persephone`s Song/Luna (6,36)
8. Zu Szene 1:Gotan Projekt, Santa Maria/La Revancha del Tango (5,58)
9. Zu Szene 1:Playford, Heart`s Ease/The New York Renaissance Band (1,44)
10. Zu Szene 8:Deuter, From here to here/Cicada (3,15)
11. Zu Szene 8:Gotan Projekt, Vuelva al Sur/La Revancha del Tango (7,01)
12. Zu Szene 13:Ekseption, Air/3 Originals (2,54)
13. Zu Szene 13:Donizetti, Una furtiva lagrima/Best of Pavarotti (4,56)
14. Zu Szene 13:Gary Moore, Still got the blues/Still got the blues (4,12)
15. Zu Szene 14:Aubry, Demi Lune/Plaisirs d`amour (4,21)
16. Zu Szene 14:Polonaise 2046/ Filmmusik 2046 (2,35)
17. Zu Szene 14:Peter Green, In the Skies/Legend (3,53)
18. Zu Szene 14:Zimmer, Barra Barra/Black Hawk Down (5,47)

Gesamtzeit 75,15
CD bestellbar bei der Autorin (gesmorra@web.de), Preis: 10E

Herstellung und Verlag:
BoD - Books on Demand, Norderstedt
ISBN 978-3-7322-9597-5